JN288622

はじめに

１９９７年に『宇宙からの光と波動』（たま出版）を、さらに２００３年には『天使と高次エネルギーの奇跡』（たま出版）を出版して以来、多くの読者の方々からお問い合わせや多種多様なご依頼をいただいてきました。

また、１９９７年からスタートした会報『ＰＳＩ　ＷＡＶＥ』（60ページ、カラー印刷、年４回発行）も23号となり、購読会員の方々には長年のご愛読をいただいています。

症状が消えたり好転する事実として認められた実証も、かなりの事例数になりました。

科学では解明、証明できない現象は、現実に世界中で多くあらわれています。

近年、テレビなどでも、世界で起こっている「科学では解明できない現象」を多数放映するようになりました。

とりわけ、ヨーロッパで普及しているホメオパシー療法は、科学的にはその原理や効果の理由について解明も証明もされていませんが、現実に効果があるという実証が数多くあるため、安全性が高いなどのさまざまな理由により、すでにドイツでは健康保険が適用されています。

また、周波数、波長（波動とは違います）を用いた療法もおこなわれていますし、ロシアでは、国が認める超能力医師の育成、治療、透視療法などが注目されています。

ロシアの透視能力少女ナターシャとヤーナや、国認の超能力医師などについては、テレビで放映されましたから、ご存知の方も多いことでしょう。

日本ではまだまだ正しく認識している人が少なく、正しい情報も少ないこともあって、こういった分野への医師、学者、一般の人々の認識は非常に低いのが現状です。

このように、科学で解明、証明できない療法や現象が世界に数多く存在しているにもかかわらず、その内容には、本物と偽者《にせもの》が混在し、真実ではないものが横行しています。何が本当で何がウソなのかは、大多数の人には判断が困難であり、安易に本物らしい情報にとびつき、結果として多大な被害を受けている人々が増えているのです。

１９９５年より現在までの11年間、身体や精神の不調、仕事や人生の不調、現代医学（西洋医学）や東洋医学では改善しない病気、原因不明とされ治療方法がない病気、薬物の副作用が強く治療を続けられない方や、副作用のない療法を受けたいという方々に、カウンセリング（相談や、原因究明、好転のための施療）をおこなってきましたが、そんななかで、ウソにだまされた被害者の方々からの依頼を数多く受け、原因究明や好転へのお手伝いをしてきました。

また、現代医学でいまだに原因が不明とされている、いわゆる精神病の方々の家族や登校拒否児童の家族、最近では、ニートを抱える家族の方々からの相談も多く受けるようになっています。

私のおこなっているカウンセリングには、測定分析をはじめ、ＨＤエネルギー療法、リモートトリートメント（遠隔でＨＤエネルギーを人やものへ注入すること）、ＨＤエネルギーを注入記憶させた製品の提供などがありますが、これらに関して、一般の方々はすぐには理解できないことだろうと思います。

私の施療では、対象となる人や動物の名前と生年月日（生年月日が不明な場合は氏名と住所）だけで、直接本人と会わなくても、身体の器官（臓器、組織、血液、血管、神経系統、骨格など）をはじめ、精神（意識、心）の状態、栄養、ビタミン、ミネラルの過不足、体内の毒素、化学物質の有無や量、ストレスの度合いなど、約50項目の詳細な測定と分析が可能です。

これは、医師の診断とはまったく異なるものですので、これを受けたから病名がわかるというようなことはありません。また、いわゆる「波動」や「気」、宗教ともいっさい関係がありません。

しかし、この方法によって、現在疾患のある部位や、今後病気としてあらわれるであろう部位を調べたり、現代医学の検査では「異常なし」か「原因不明」とされている不調や病気の本当の原因がわかります。また、異常な言動、いわゆる精神病の原因から、対人関係、夫婦や家族の不和の原因、事業や会社の低迷の原因、異常犯罪者の心の内実と原因にいたるまで、多岐にわたる情報を詳細に測定し分析することができます。

加えて、分析力はそれだけに留まらず、科学では解明できない現象から、家やビルなどの建物、土地、絵画、装飾品、食品、化粧品、水などにいたるまで、同様な測定分析が可能なのです。

さらに、私の場合は、「気」や「波動」といわれるエネルギーの実体、有害な放射線、有益な放射線のエネルギー、温泉のエネルギーなども測定分析して解明しています。

そして、それらの分析結果から、副作用のないＨＤエネルギー療法や食生活の改善、運動の指導など、具体的な施療や方法を示していくのです。

最近、脳医学から見た意識体（一般的には魂といわれています）が存在するのか存在しないのかが話題となっています。現代の科学や医学では科学的な証明ができないため、意識体の存在は認められておらず、否定の見解が一般的です。すなわち、人間、動物の本質、実体は物質であるという考え方です。

ですから、当然ながら、高次の意識体、低次の意識体、高次のエネルギー、低次のエネルギーに関しても、否定する見解となっています。これは、当然といえば当然で、現在の科学的機器ではこれらのエネルギーの測定、検知が不可能なのです。

いわゆる霊的な障害による病気や精神異常、異常犯罪も、現実には多発していますが、それらの科学的な機器による測定、検知が不可能なため、現代医学では原因不明としてしか対処のしようがなく、治療法もなく、なすすべがありません。

私は、数多くの依頼のなかから、現実に起こっている現象を見てきました。事実は、理論、理屈を超越して、真実を物語ります。

なぜ人間や動物の身体の内部がいっさいの機器を使わず詳細にわかるのか、なぜ心や意識の内容が詳細にわかるのか、なぜ食べ物や飲み物のなかに有害物質があるとわかるのか、なぜＨＤエネルギーという強力な活性エネルギーを人や動物、物質などに注入することができるのか。そして、なぜ海外や遠隔地にいる人や動物、物質にまで、瞬時にエネルギーを注入することができるのか。

その結果、なぜ症状が好転する人があらわれるのか。なぜ心が安らぎ、幸福感を感じる人があらわれるのか。

こういった事柄に対して、多くの人々は、不思議で不可解な思いをいだかれると思います。この世界、この世の中に起こっている現象は、すべてを科学や現代医学で解明、証明することはできないのです。

私は、現代科学、医学を否定する者ではありません。それらは必要なものであり、これまで大きな役割を果たしてきましたし、現在も必要なものです。しかし、それだけに凝り固まるのは重大な誤りでもあるとも考えています。

今日《こんにち》では、超能力や超常現象、霊能者、占いなどという見世物的な番組がテレビなどで放映されていますが、そのなかに真実を伝えているものはごくわずかしかありません。

既刊の書籍や会報では、紙面の都合上すべて記載することができないため、この本では、そのなかの一部を、詳細な説明を加えて記載しました。また、読者の方々ができるだけ読みやすく、理解しやすいように、やさしい言葉で本当のことだけを記しています。

この本を読まれた人たちが、一人でも多く幸せになれば著者としてこれに勝る喜びはありません。

目次

はじめに …… 1
第一章 人間や動物の身体の内部と心、精神の内容と本質が正確にわかるようになるまでのプロセス …… 13
第二章 氏名、生年月日（氏名、住所）から、なぜ身体の内部と精神の内部がわかるのか …… 31
第三章 測定と分析（遠隔測定分析）の詳細 …… 43
第四章 HDエネルギーとは何か
リモートトリートメント（遠隔療法）の詳細
水や物質にHDエネルギーを注入、記憶させる方法の詳細 …… 81

第五章　なぜ好転するのか……91
第六章　精神病、異常言動の本当の原因と、HDエネルギーで好転する理由……97
第七章　人生を好転させる秘訣……105
第八章　さまざまな実証例……111
第九章　強マイナスエネルギーをプラスに変える……143
あとがき……154

第一章

人間や動物の身体の内部と心、精神の内容と本質が正確にわかるようになるまでのプロセス

私が意識体の体外離脱を体験してから、もう35年になります。

その体験は、１９７１年、学生のころでした。今でもはっきりと覚えています。私の意識が私自身の身体を天井ほどの高さから、冷静に見ているのです。意識は身体にはなく、天井近くにあるのです。今思えば感動的な体験なのですが、その当時は、自分に何が起こったのか、その意味がまったくわかりませんでした。

体外離脱や臨死体験に関する書籍の出版が増え、テレビなどでも特集を組んで放映されるようになって、ようやく世界中に私と同じ体験をした人が多くいることがわかったのです。

その後、１９８０年の春、京都市内で、出産後の赤ちゃんの身体から出てきた白く眩いばかりに輝く光の玉（核）が私の胸に入りこむという現象を体験しました。その光の核は、はっきりと私の目に見えていました。

光の玉が体に入りこんだ瞬間、全身が熱く震えるような、感動に似た感覚が私を襲い、それからは、車のキーが何もしないのに曲がったり、家のスプーンやフォークなどが手も触れていないのに曲がったり、時計が何個も同時に止まるといった不思議な現象が起こりはじめました。これらの物は何日かすると、元の自然な状態に戻っているのです。

１９８５年になって、京都市左京区に在住していたころ、大変お世話になっていた星野真知子先生（ピアノの先生）と、先生の弟さんの星野文男氏との出会いが私の人生を大きく変えることとなりました。

というのも、真知子先生の予知夢にあらわれた風景とまったく同じ風景の土地に、私が移り住むことになったのです。予知夢どおり、私は京都府綾部市の山奥のかやぶきの家に住むこととなりました。

しかも、この家の裏にまつられていた形のはっきりしない石の像から、またも白く輝く光の核が私の胸に入り込む現象を体験し、高次と低次のさまざまなできごとが私の身に起こったのです。不成仏の意識体も肉眼で見えるようになりました。

しかし、恐怖心はまったく起こらず、いつも冷静な心で、成仏されていない意識体が存在することを体験し、学ぶことができました。

また、その3年後には、またも真知子先生の予知夢どおりの、夢をもとに描かれた地図とまったく同じ場所に転居することとなりました。

綾部市のかやぶきの家は、長野の禅宗の僧侶（女性）が、自らの予知でご本人が綾部の家に住むことになっているとおっしゃって、家と土地を見ることもないまま、その僧侶に買われていきました。

普通は、家や土地を見ないで買うなどということはありえないことですから、そのときは、なかなか買い手が決まらず困っていたところにあらわれた救いの僧侶だと思ったものです。

その後、1988年から自然農法にHDエネルギーを活用する実験をおこない、植物の超常的生育（耕さず無肥料で何作も重ねる、常識では考えられない生育）や、植物、地場のエネルギーを高める実証をはじめました。この間にも、非常に多くの超常現象、高次現象、低次現象を体験しています。

前述した植物の超常的生育に加えて、白く輝く光の核がたびたびあらわれたり、偽者の霊能者の後ろに不成仏意識体（黒い霧の塊のような存在）が見えたり、ラップ現象（非常に強いエネルギーが家の中を通過していくときに起こる現象）や、当時の妻に異常言動（いわゆる精神病）があらわれたり霊的障害があらわれるなど、多くの体験を得ながら身体や精神の病気や内容を感知し、理解するようになっていきました。

当時は、セット野菜や自然食品の全国販売をはじめ、自然食品店への卸し、早稲田経営学院との提携、生協との契約、早稲田大学の学生や一般人の体験農業の受け入れ、農業志願者の研修受け入れ、栽培試験、研究など、私が試みていた自然農法は非常に順調に発展していました。ドイツの「みどりの党」を標榜する「日本みどりの党」や「みどりの連合」、「みどりのネットワーク」などで、エコロジー、環境問題に関わる活動もおこなっていました。

しかし、予知夢に導かれたその地で、妻の精神異常により、仕事も家庭もすべてが破滅する結末をむかえることとなってしまったのです。

絶望的な状況に追いこまれましたが、それでも不思議なことに私の精神はまったく落ち込むことなく、気力はますます高まり、健康状態も良く、測定分析の感知力はますます鋭く正確になっていきました。身体から強いエネルギーが放射されていることがありありと感じられ、手のひらからもエネルギーが放射されるようになりました。

当時は、直筆の文字や写真から放射されている多様な情報を含むエネルギーを感知し、各臓器や組織、血液、精神の内部を測定し分析していたのですが、そういった資料がなくても、対象とする人の疾患の反応が正確に感知できるようになりました。

その能力を得て、遠方にいる人や動物、建物などを、直接会わずに測定し分析する遠隔測定分析をはじめることができたのです。氏名と生年月日、または氏名と現住所、住所と建物の名称だけで、正確で詳細な分析が可能になりました。

また、遠隔で人や動物の身体、臓器、組織、血管、血液、神経系統、細胞、精神などへＨＤエネルギーの注入をおこなう「リモートトリートメント」も同様に実施できるようになり、私の能力の成長にともなって、ＨＤ―２、ＰＳＩＷＡＶＥ、カード、シール、トルマリン石などへ注入するエネルギーレベルもますます向上し、その成果、効果が確たるものになっていったのです。

しばらくは仕事もなく、不安定な状況に置かれていましたが、その間、正木和三氏や高橋信次氏の著作、シュタイナー、超心理学、精神世界、波動、気エネルギー、精神病、西洋医学、東洋医学などに関する書籍を徹底的に読んで、勉学と研究を続けていました。

その後、サンロード出版社の社長に面会を約束して、栽培研究、植物の超常的生育、測定分析の内容を話したところ、不思議に話がすんなりとまとまり、毎月開催しているセミナーでの講演か、月刊誌に原稿を連載しませんかと勧められました。

そこで、１９９６年に６ヶ月間、連載を持ったのですが、驚いたことに、連載をはじめてから読者からの問い合わせと測定分析の依頼が殺到しました。

現代医学や東洋医学では治らない病気や、苦しんでいるのに原因不明とされて困っている患者さんやその家族からの依頼に接して、医学では改善しない、救われない、不成仏の意識体による霊的障害を受けている人々が非常に多くいるという現状を認識したのです。

いわゆる精神病といわれる人たちも、この中に入ります。

多様な相談に対応するうち、精神病や異常言動の原因は、霊的な障害だけではなく、本人の意識の内実が本質的な原因であることも判明しました。

それからさまざまな経緯を経て、1997年11月、『宇宙からの光と波動』をたま出版から上梓することになり、またもや出版後には読者の方々から多くの問い合わせと依頼が舞い込むことになりました。

こうして、以前には考えられないほど多忙になり、依頼による出張も増える一方で、全国各地への出張、調査による研究、勉強もおこたらないようにし、セミナーも開催するようになって、生活はますます忙しくなっていきました。

相談のなかには、子宮がんが、HDエネルギーを注入記憶させたカードだけで1週間で消えてしまったり、HDエネルギーを注入記憶させた水の飲用で末期の肝臓がんが1ヶ月以内に消えてしまうといった奇跡的な現象が起こることもあり、それらは病院の検査でも確認されました。また、数多くの霊的障害も、瞬時に解消されていきました。

これは、気功や手技療法のように、手のひらや身体を使ってエネルギーを注入する方法ではなく、意識によって、エネルギーを対象とする人に注入するという方法です。

こういった例は数が多く、今まで出した書籍とあわせてもすべて収録できないほど、枚挙にいとまがありません。

また、それとは別に、相談や依頼を受けていくなかで、必然的に海外や日本でおこなわれている波動や気、手技療法、○○セラピーなどの業界の実態、そして、瞑想家、霊能者、占い師、超能力者などの嘘や偽者の実情を知ることになりました。そのなかには、大学教授や会社経営者、会長という人までが何人も含まれていました。

セミナーや出版などで、真理からはずれた、誤った情報を流し、偽物の商品を宣伝して利益を上げている人があまりにも多い事実を知り、私はそのときから「波動」や「気」という言葉を使うのをやめました。

それら偽の製品、水、カード、塩、健康食品、治療機といったものを使用して、病気になったり精神に異常をきたしてしまったという被害者の方々の姿は痛ましく、なんとか良くしてあげたいと、不調や障害を取り除くべく今でも腐心しています。

その後、東京へ活動の拠点を移してからも、毎年の正月は京都へ行き、お世話になった星野真知子さん姉弟にお会いしていました。真知子先生が亡くなられてからも、弟の文男さんにお会いするため、京都へは欠かさず行っていました。

ある年の正月、いつものように星野さん宅に伺い夕食をともにしていると、部屋には風もないのに、テーブルの上に置いてある鍋のフタがカタカタとしばらくのあいだ動き続けるという不思議な現象があり、身体が熱くなりました。いったいどういうことだろうと不思議に思った翌朝、東京へ帰る前に映画でも観ようと映画館の薄暗いなかへ入った瞬間、私の身体から白く輝く光が強く放射されているのがありありと見えてきました。しかし、その光の光線は、私にしか見えないようなのです。ほかの人には見えていません。

私の身体から光が放射されていることは以前から認識していましたが、このときは格別に強力な光でした。同時に、胸の奥に強力なエネルギーを感じ、それがあまりにも強くて、身体がもたないのではないかというほどの感覚、意識がなくなるような、このまま死んでしまうのではないかという感覚に襲われ、映画を観るどころではなくなってしまいました。

帰りの新幹線のなかでもその感覚は消えず、それが一週間ほど続きました。

この強力なエネルギーがもたらされたわけは、星野さん宅での夕食の席で、私の体に、以前入ったのと同じような光の核が入ったことによるものでした。

これによって、ますます私の心身のエネルギーは高くなり、人や動物の身体の内部と精神の内部がわかるようになり、感知力はより正確になっていきました。

その後も、何度か光の核が身体に入るという現象を体験しています。

それらの白く輝く光の核は、肉眼では見ることができず、科学的機器でも測定、検知不可能なことから、多くの人々には理解できないことと思いますが、私は高次の意識体であると感知しています。

感覚の鋭敏な方からは、私の近くにいると熱くなると言われます。直接会った方以外にも、たとえば電話中などにも熱くなることがあるそうです。

現在の科学では証明することが不可能ですが、この世、あるいは世界には、高次の意識体、人間の意識体、低次の不成仏の意識体が存在しています。ですが、科学を絶対として妄信する人々には、残念ながら信じてもらえないことでしょう。

私はこれまでに、予知夢に導かれた地で、一般の人たちが体験できないような数多くの超常的現象、高次の現象、低次の現象を体験し、学んできました。出生から現在に至るまで、今生の親から与えられた耐えがたい心の苦しみ、人間関係、仕事、家族の破滅など、精神的にも経済的にも耐え難い苦境を与えられてきたその意味が、ここにあるとわかったのです。現実に起こっている意識体が関わる現象、病気、精神病、犯罪などを数多く研究し、実例を見たこと、高次の現象を体験したこと、多くの体験と学び、実証から、私に与えられた役割の意味と、やらなければならないことがはっきりと見えました。

私に予知夢を伝えてくれた星野さん姉弟との関係の深い意味も、そのためだったのです。私だけでなく、多くの人々に与えられる苦しみや苦境は、単なる不運ではありません。


私たち人間の意識体には、前生、過去生もあり、今生もあり、来生もあり、死はなく生き続けるということが真理です。科学者や医師、学者が科学的な理論でいくら否定しようとも、世界で実際に起こっている超常的現象は事実です。事実は否定できません。

科学と哲学が合体しなければ、本当のこと、すなわち真理は見えてこないのです。

日本の、権威をもっている偉そうな科学者や医師、学者、政治家などをみて思うことは、人間の意識の内容、レベルには大変な格差があり、進化と浄化の道を歩む意識と、汚れきった欲と権威により低次の意識体に通じる意識とがあることが切に感じられます。

人間とは何なのか、その本質は何なのか、生きる意味、生かされている意味を考えることは、昔は「哲学」と呼ばれていました。

今は、「哲学」という言葉はほとんど使われなくなり、唯物論、つまり物質を基とする科学的根拠と科学的価値観、物質、金銭が判断の中心となってしまいました。今では、学校や家庭ですら、人間とは何なのかという命題や生きる意味を教えていません。

それどころか、誤った宗教や異常な宗教までもが、世界中で氾濫しています。

しかし、この世界にはまだ、意識の正常な人々が存在しています。

未熟な汚れた意識が正常になる可能性を信じて、私たちに何かできることはないのか、その方法を探り、加えて価値観の変革や生き方の変革、食生活の見直しをはじめ、最終的には、自分の本当の両親とは有限な身体の親なのか、永遠に存在する意識体の親なのか、自分自身につながることがらについて、冷静に考えてみることです。

今までに、難病やがんなどの重病が好転した例や、精神病、霊的障害が解消した例など、多種多様な多くの実証を得ています。がんの場合など、一週間～一ヶ月以内に消えている人もいますが、毒性の強い化学物質や抗がん剤といった薬物が原因の難病、重病の場合、改善までに月日を必要とする人もいます。

ですから、すぐに改善しないからといって希望を捨てず、止めないで続けたほうがよいでしょう。

有害化学物質、抗がん剤などの薬物は、見方を変えれば強力な毒物です。抗がん剤は強力な強マイナスエネルギーを有していますから、これらが原因で体を壊している人は、現代の医学に依存したままでは改善は難しいといえるでしょう。

ロシアでは、すでに超能力医師の育成や透視を用いた医療などが進められています。また、ドイツをはじめヨーロッパ諸国では、現代科学で解明、証明できない原理による医療や療法が用いられ、成果をあげています。警察の捜査に透視能力者が協力し、難事件の解決などに貢献したり、アメリカのＦＢＩ捜査官のなかにも透視能力者がいて活躍していることは、日本でも周知のことだと思います。

そういう背景があるヨーロッパやアメリカでは、私のカウンセリングについて多くの人々が意識を向け、関心を持つでしょう。いずれ、それらの国々でも、出版と活動をおこないたいと思っています。

日本は、そういった分野においてはまだまだ後進国で、正しい認識を持っている人はごく少数です。

この書籍が、わずかでも、日本の人々の認識が広まる力になればと願っています。

第二章

氏名、生年月日（氏名、住所）から、
なぜ身体の内部と精神の内部がわかるのか

前章で述べたように、私は当初、直筆の文字や写真から放射されている諸々の情報を含むエネルギーを感知しました。つまり、私の意識のなかで、臓器や組織などの文字、たとえば大腸、心臓、肝臓、脳血管、血液といった文字に対する反応があらわれていました。

しかし、その感知（測定分析）の結果を、あいまいな、抽象的な表現を使わず客観性を持たせるために、数値化する方法を開発しました。病名を記さないことも、その理由となっています。

まず、数字の50を基点として、50以下はマイナスエネルギー、50以上はプラスエネルギーと規定します。病気のない一般的な人の場合を50という数値であらわして、その差を測っていきます。

直筆の文字や写真、臓器や組織の文字、または解剖図の臓器や組織に意識を向けると、反応が起こります。そのときにはすでに、どの臓器や組織などに病状があるのが感知されますが、それを冷静、客観的にあらわすため、数値でそれらをイメージしていくわけです。

それが共鳴同調する数値になると、意識に強い反応が起きます。心身ともに特別に活性化されている元気な人は、50以上のレベルとなってあらわれてきますが、疾患、病状がある場合、それが悪いほど数値が低くなり、マイナス10とかマイナス50といった値で規定されます。

がんや腫瘍などは他の疾患とは違った特有のエネルギーを持っているので、もしそういったものがあれば、マイナス50とか、マイナス70、マイナス90といった、強いマイナスエネルギーの数値が出ます。

病院の検査では見つからなかった部位であっても、がんがある場合は、はっきりと強マイナスエネルギーが測定されますから、すぐわかります。ときどきあるケースですが、病院ではがんであると診断されたにもかかわらず、測定分析をおこなってみると、強マイナスエネルギーが測定されないこともあります。そういうときは、解剖図で詳細に確認しても同じ結果が得られます。

そういう事態に対して、私は、レントゲン、ＭＲＩ、ＣＴスキャンなどの画像の判断、血液検査の判断などがすべて絶対で正しいのかどうかが問われると思っています。本当はがんではないのにがんであると診断され、抗がん剤の投与を受けることで、かえって短期間に衰弱している方がいるかもしれません。

私のおこなう方法は、多くの依頼をこなす過程で、多数の依頼者の状態や病状と結果が合致していること、適正であることの実証を得ています。

次に、私はこれまで心、精神の測定分析の研究も同時におこなってきました。身体と同様に、基点を50として、50以下はマイナス意識エネルギー、50以上をプラス意識エネルギーと規定します。

マイナス意識エネルギーとは

自我が強い、強固な我意識、自己中心、攻撃的、うそをつく、だます、感情的、低いレベルの感情、強い思い込み、ねたみ、なまけ心、根気がない、努力しない、反省しない、感謝しない、強い金銭欲と物質欲、殺意など。

プラス意識エネルギーとは

反省・感謝の心がある、思いやり、優しさ、素直、協調性、勉学心、向上心、努力と忍耐力、穏やかな感情、明るさ、身体への思いやりなど。

人の心、精神は、第一意識と第二意識に分かれます。人間の心、精神には、二面性（表と裏）があるためです。

正常で一般的な人は、第一、第二意識ともに50という数値でバランスがとれています。

第二意識にマイナス意識エネルギーがある場合は、10から1のマイナス意識エネルギーが感知され、測定されます。そのエネルギーを分析すると、前述した具体的な内実がはっきりとあらわれるのです。

心、精神の測定分析は、正確にあらわれます。

人間は、外見からでは本質がなかなかわからないものです。一見、優しそうでおとなしく、信用がありそうな人間が、異常な犯罪に手を染める事件がたびたび報道されているように、異常言動のある人、異常犯罪をおかす人間の精神を測定し分析すると、表にあらわれていない内実がはっきりと第二意識に感知されます。明確にマイナス意識エネルギーが感知、測定されるのです。

また、そういった人の場合、正常な一般人にはあり得ない意識体が強く感知、測定されることがあります。それを私は、第三意識と規定しています。

その意識は、多く不成仏の意識体です。一般に、「霊障」あるいは「霊的障害」と呼ばれる現象にあたります。世界的には非常に数多く起こっている障害です。医学で治すことは不可能ですから、原因不明とされることも多く、誤った原因を規定され、生涯治ることのない「薬物療法」を続けることになる場合が非常に多いのです。

これは、精神病などとはまったく違うものです。精神の病気にかかる本当の原因は、「霊的障害」ではなく「本人の意識の内部」にあることが測定によって明確になっているからです。これは非常に重要なことです。

これらの意識体（一般には魂と呼ばれている）による疾患や異常行動などは、一般の医療などで根治するのは困難でしょう。もともとの原因である意識体そのものを否定しているからです。

人間は物質でつくられているという科学的概念を基とする一般の病院では、血液、尿などの検査、レントゲン、ＭＲＩ、ＣＴスキャンでの撮影など、検査漬けの医療がおこなわれています。

費用も高額で日数もかかり、患者さんへの負担は多大なものです。

しかも、それらの検査の結果、疾患のある部位や原因が正確にわかればよいのですが、すべてそうとは限らないのですからいけません。不調があるのに検査の結果は異常なし、がんがあるのに異常なし、がんがないのにある、そんな診断もあるわけです。

測定分析の経験を積み、それが正確であるという実証を積み重ね、研究を続けるうちに、対象となる人の自筆の文字や写真を使わなくても、正確な測定分析が可能になりました。

これらを感知して分析しているのは、私の意識です。

その意識に働きかけているのは、幾度にもわたって私の身体に入った光の核です。これが、分析に深く関わっています。

脳や心臓、腸、腎臓、血管、筋肉、腰椎、脊髄など、多数ある臓器や組織、骨格などの文字に瞬時に反応するのは、こうした意識なのです。対象となる人や動物、物質などの自筆の文字や写真、画像などから放射しているエネルギーを感知しているのも、解剖図に反応して感知しているのも、この意識です。

身体内部の部位のイメージも、病状のある臓器や組織などの写真や画像も正確に感知、測定されます。

これは透視ではなく、一般的な人間の意識を超越した超意識によるものなのです。

その超意識によって、氏名と生年月日、生年月日が不明な場合は氏名と住所の情報があれば、正確に状態を特定できるのです。建物や会社、店舗の場合は、名称と住所、土地の場合は、住所だけで特定できます。

直接会わなくても、現地へ行かなくても、自筆の文字や写真などを用いなくても、測定分析が可能になったのです。

ただ、イメージするだけでも測定分析は可能ですが、客観性を持たせるためにも、通常はパソコンに氏名や生年月日などを入力して測定をおこないます。その正確性を高めるために、解剖図での確認もおこなっています。

心、精神の測定分析も、同様に可能です。

意識やイメージ、テレパシーは、距離、時間という概念にはとらわれないので、対象となる人や動物が外国や日本など、どこにいても可能なのです。

意識は瞬時に伝わり、瞬時に必要な情報を取り寄せ、感知することができます。物質、距離、時間という概念にとらわれていては、この原理と法則を理解することはできないでしょう。人間や動植物、世界、地球、宇宙は、物質のみでつくられているわけではないのです。

物質の移動に関しては、スピードと距離と時間が比例しています。しかし、意識やイメージ、テレパシーなどは、物質の移動ではないため、物理学の数式や概念が適応されないのです。

このように、氏名と生年月日、あるいは氏名と住所から、依頼者がどこにいても遠隔測定分析が可能です。瞬時に対象となる人の心身の情報を感知することができます。

自筆の文字や写真からでも、測定分析の結果は同じです。

第三章　測定と分析（遠隔測定分析）の詳細

測定と分析をおこなう際には、まず、依頼者から、測定分析をおこなう対象者の氏名と生年月日（生年月日が不明な場合は氏名と住所）を、メールやＦＡＸ、電話、手紙などで送ってもらいます。ただし、氏名が不明であったりあいまいな場合は、写真や自筆の文字を送ってもらわなければなりません。

動物の場合も同様です。

次に、47ページの表に氏名や生年月日などを入力すると、各臓器や組織と本人のそれらが連動して私の意識に反応します。そこで、意識に感知された共鳴同調する数値を表に入力していきます。

病気があるときには、だいたいその時点でおおよそ何の病気なのかがわかります。

ここにあらわれる数値が低いほど、疾患が重いことを意味します。

このとき、現在悪い部位だけではなく、今後、病気としてあらわれるであろう部位も明確にわかるのです。

49ページに示す表は、精神の測定分析表です。

第一意識、第二意識とは本人の精神のことで、二面性（表と裏）がある場合にあらわれます。

第三意識は、霊的障害を受けている場合、測定されます。

障害が第三意識にあらわれるときには、エネルギーの数値はマイナス50からマイナス90のレベルとなります。

それを分析して、不浄仏の意識体の性別、血縁の有無、死亡原因、うらみや怒り、悲しみなどのマイナス意識があるかどうかを判断します。この精神の測

測定分析による数値

様　（　　　年　月　日生）　　年　月　日現在

住所

※【50 以下はマイナスエネルギー数値、以上はプラスエネルギー数値】

身体のエネルギー（　　　　）

脳		肺	
脳血管		心臓	
脳神経		甲状腺	
自律神経系		十二指腸	
脊髄神経		小腸	
末梢神経		大腸	
食道		血管	
胃		血液	
膵臓		抹消血管	
肝臓		眼、視神経	
脾臓		卵巣	
腎臓		子宮	
副腎		乳房	
膀胱		皮膚	
前立腺		背骨	
精巣		腰椎	
		頚椎	
以下は＋－の割合	５０以上＋以下－	細胞、組織	
筋力		ホルモン	
栄養			
食事摂取量			
ミネラル		ストレス	
ビタミン		宿便、腸内毒素	
腸内有益菌 腸内有害菌		化学物質、毒素 薬物反応	

測定分析に使用する表

定分析から、両親や家族、祖父母、先祖、知人など、亡くなった人の意識体が成仏（天界に昇ること）しているかどうかが、はっきりとわかります。現実に、測定された意識体が成仏できず家や建物のなかに残されている姿を依頼者が見ることもあり、実証を確認しています。

霊的な強マイナスエネルギーは、非常に強く霊的障害を受けている人から放射されます。また、建物や店舗などに、強マイナスエネルギーを放射している意識体がいる場合、その空間は強マイナスエネルギーで充満するので、そういう場合も強い反応が出ます。

敏感な人は、こういった強い霊的マイナスエネルギーを受けると、胸が気持ち悪くなったり、頭がしめつけられる感覚になったり、腹痛、下痢、寒気、または食欲がなくなる、生理が停止する、肩や背中のこりが強くなる、寝込んでしまうといった身体的症状があらわれます。卵巣や子宮、腸などに疾患があらわれた例もあります。

精神エネルギー測定分析

様（　年　　月　　日生）

※**【50以下はマイナスエネルギー、以上はプラスエネルギー数値】**

身体のエネルギー	
精神エネルギー	

精神エネルギー分析	
第一意識	精神エネルギー（　　　　）
第二意識	精神エネルギー（　　　　）
第三意識	精神エネルギー（　　　　）
第四意識	
	（第一、第二意識は本人の意識です）

※測定分析結果（診断ではありません）

Ewig

精神の測定分析表

こういう疾患が、病院へ行ったところで改善することがないというのは自明の理でしょう。そもそもの原因が物質ではないのですから、物質のみをあつかう現代の医療では太刀打ちできないわけです。

ですが、この障害を受けている方で、私が依頼をいただいた方の事例を見ますと、すべてが瞬時に解消しています。

また、これとは逆に、ごく少数の人たちに、第三意識、第四意識などに何百、何千、何万という高いレベルのプラスエネルギーが測定されることがごくまれに確認できます。この現象は、人間の意識体ではない高次の意識体がその人に宿っていると私は感知しています。

現時点の、多くの人々の意識や科学的見地から見れば、低次の意識体も高次の意識体も生きている人間の意識体も、その存在が認められることはないでしょう。科学が絶対であれば、当然、それらの意識体の存在は否定されます。

しかし、それらの意識体を見ている人、感知できる人は世界中にいるのです。

「王家の富」はいらない　巨額寄付のバフェット氏

【ニューヨーク06年6月26日、共同】

マイクロソフトのビル・ゲイツ会長夫妻の財団に約370億ドル（4兆3000億円）の寄付を発表した米著名投資家ウォーレン・バフェット氏（75）は26日、「貧しい暮らしを強いられている人々がいるのに〝王家の富〟を築く考えはない」と述べ、巨額の資産に執着しない姿勢をみせた。ニューヨークでゲイツ夫妻とともに会見した。

26日、ニューヨークで会見するウォーレン・バフェット氏（右）とビル・ゲイツ夫妻（共同）

バフェット氏はまた、「子どもは（大富豪としての）地位を受け継ぐべきではない」と語り、親の資産をあてにせず、自ら努力すべきだとの持論を繰り返した。

ゲイツ氏は、受け取った資金をエイズ対策や米国の教育環境改善などに利用していく考えを明らかにした。

（共同通信）―6月27日11時27分

これは、世界有数の資産家、ビル・ゲイツ夫妻の財団に、投資家のウォーレン・バフェット氏が巨額を寄付したというニュースです。

この画像から3人の精神を測定分析してみたところ、3名とも、マイナス意識は認められず、物欲、金銭欲も認められませんでした。当然、強固な我意識、自己中心、嘘、攻撃、低いレベルの感情などといったマイナス意識も測定されません。

金銭は人間がつくりだしたものですから、マイナスにもプラスにも流れます。このケースでは、プラスの意識とプラスの意識が共鳴同調して、ビル・アンド・メリンダ・ゲイツ財団（慈善事業財団）に巨額の資金が寄付されたのです。

これら3人のなかでも、特にビル・ゲイツ氏は、一般の人間を超えた高レベルの精神エネルギーを有しています。「類は友を呼ぶ」という法則どおり、プラスはプラスを呼び、プラスの現象を実現することにつながっているのです。

この逆が、マイナスはマイナスを呼び、マイナスの現象を実現するという法則です。これは誰にでも当てはまる法則で、その人の精神の内容、質により、人生や仕事、事業、経済などに結果があらわれてきます。

仕事や事業が好転しない、低迷する、倒産する、大局的に見て人生が好転せずマイナスの方向に進むなどのマイナスの現象には、原因があるのです。

不景気といわれている状況のなかでも、好転、向上する人も数多くいます。事業や仕事などがうまくいかない原因は、一概に世界や日本の経済の動向だけが原因とはいいきれません。もっとも重要なのは、その人の精神の内部（内容と質）です。それこそが、眼に見えない人生の流れをつくっているのです。

精神は物質ではありません。眼にも見えません。しかし、身体の言動、行為を決める本質は、精神であり意識です。

精神エネルギーが高いとは、頭が良いとか、記憶力が良いとかだけではなく、意識の力が強いことを意味しています。精神、意識は物質ではなくとも、膨大なエネルギーと力を持っているのです。

金持ち、資産家だから精神エネルギーが高いのではなく、また金持ちだから人格が高いというものでもありません。たとえば、ビル・ゲイツ氏は、普通の人をはるかに超える勉強をし、研究をかさね、もろもろの努力を継続してきた結果、世界有数の資産家になったのです。そこには、心の通ずる他者の協力や援助もあったはずです。つまり、ビル・ゲイツ氏のプラスの意識が、まわりの人のプラスの意識と共鳴同調し、その結果プラスの現象を実現したといえるでしょう。

ビル・ゲイツ氏と同様に、一般の人を超える精神エネルギーを有していた人物は、ソニーの創始者井深大氏、ホンダの創始者本田宗一郎氏、メルセデスベンツの創始者カール・ベンツ氏などがいます。ソフトバンク、ヤフーの創業者、孫正義氏も精神エネルギーの高い実業家です。

現在の宇宙理論、量子物理学などでは、高次元は証明されていません。最先端の量子物理学では、人間を含む物質の本質は素粒子という物質だと定義しています。それらは物質を研究する科学である以上、物質ではない意識、意識体や高次元については、まったく無視されており、関心を持っている学者はごく少数を除いてほぼ皆無といっていいと思います。

ですが、世界的に著名な量子物理学者フリッチョフ・カプラ博士や、1973年にノーベル物理学賞を受賞したブライアン・ジョセフソン博士は、観測中に意識が素粒子に与える影響から、意識とは何かを考えるようになり、哲学と科学の合流を唱えました。いわゆるニューサイエンスと呼ばれる考え方です。物理の最先端で発見されたことが、人間の心の問題と哲学に近いものになっていることは確かです。

私は、長年の経験と研究、実際の事例などから、人間の意識体、低次、高次の意識体、高次エネルギーなどが確かに存在するという確信を得ました。

たとえば、結婚後に夫婦の心のつながりがなくなり、幸せであると感じられなくなる、家族関係の不和がおこる、他者との人間関係で悩むという人たちは多いでしょう。これらの悩みは、だいたいにして、自分のどこかに流れているマイナスの意識によって引き起こされているのです。

今までに、異常な宗教団体の代表や信者、異常犯罪をおかした者、テロリスト、独裁者など、多数の例をとり、精神の測定分析をおこないましたが、それら全員にマイナス意識エネルギーが測定されており、具体的な精神の内部がわかっています。

なぜ、異常な行為をおこない、犯罪をおかすのか、その動機や原因は正確にはわからない、不明であるという報道をよく目にします。精神鑑定などで、精神病であるかどうかの判定がおこなわれたりしていますが、私は、それは正しい判断ではないと感じています。

精神科医や学者であっても、人間の心、精神の内部を解明することは難しいことです。精神や心に関わる分野であっても、症例の分析にすぎず、その本質を見つめようとしていないことが大きな原因なのではないでしょうか。

これらとは別に、食品や水、健康食品、装飾品、化粧品、建物、土地といったものの測定分析は、通常、写真やコピー、パンフレットなどを送っていただき、それらをもとにおこないます。建物の場合は名称と住所から、土地の場合は住所から分析します。

たとえば、有機栽培無農薬と銘打たれた農産物が本物であるかどうかという依頼の場合、その写真やパンフレットから放射されているエネルギーを測定し、分析します。もしそれが農薬など有害化学物質を使用している場合、有害化学物質の強マイナスエネルギーが感知されるので、そのマイナスエネルギーの強さを数値であらわします。

ミネラルウォーターなども同様で、微妙な汚染であっても結果に反映されます。ヨーロッパのナチュラルミネラルウォーターの多くは、水源地と広大な周辺の環境が厳しい基準で保全されているため、マイナスエネルギーは測定されません。

ですが、日本の場合は、ヨーロッパに比べて環境保全が追いついていないためか、水源と周辺の環境が守られていません。なので、確かに水道水よりまろやかで、ミネラルなども多く含まれているようですが、分析してみると、化学物質のマイナスエネルギーが測定されるものが多く見られます。

有機栽培無農薬でつくられた農産物であっても、有害な化学物質が測定されることもあります。その理由は肥料です。いわゆる有機栽培の多くは、牛や鶏、豚などの蓄糞尿を有機肥料として使用していますが、それらの家畜に与えられている飼料が問題なのです。

輸入飼料の残留農薬や防かび剤、家畜の病気予防に使われている抗生物質や殺菌剤、生育を早めるホルモン剤などは、日本の有機JASでは、まったく規制されていません。そうなれば、それを肥料としてつくられた野菜からは、当然、有害な化学物質エネルギーが測定されることになります。

もちろん、そういった有害な蓄糞の害に気付き、それらを使用しないで栽培をおこなっている生産者と団体もあります。その団体の生産物からは、有害化学物質のエネルギーは測定されていません。有害な飼料についての知識を広め、本当に安全な野菜を食べてもらうために、会報誌の購読会員の方々に、それら有機栽培無農薬野菜の生産者団体と購入方法を紹介しています。そのほかにも、水や食品、サプリメント、化粧品、健康食品など多岐にわたる、本物の、安全なものを紹介しています。

解剖図にあらわれるエネルギー

解剖図にもはっきりと、疾患などの部位や、今後病気としてあらわれる部位などが測定されます。

一例ですが、激しい咳がでて止まらない、血痰がでるという苦しい病状の方を分析したときに、一番症状が出ている気管支、肺に異常は認められず、明確

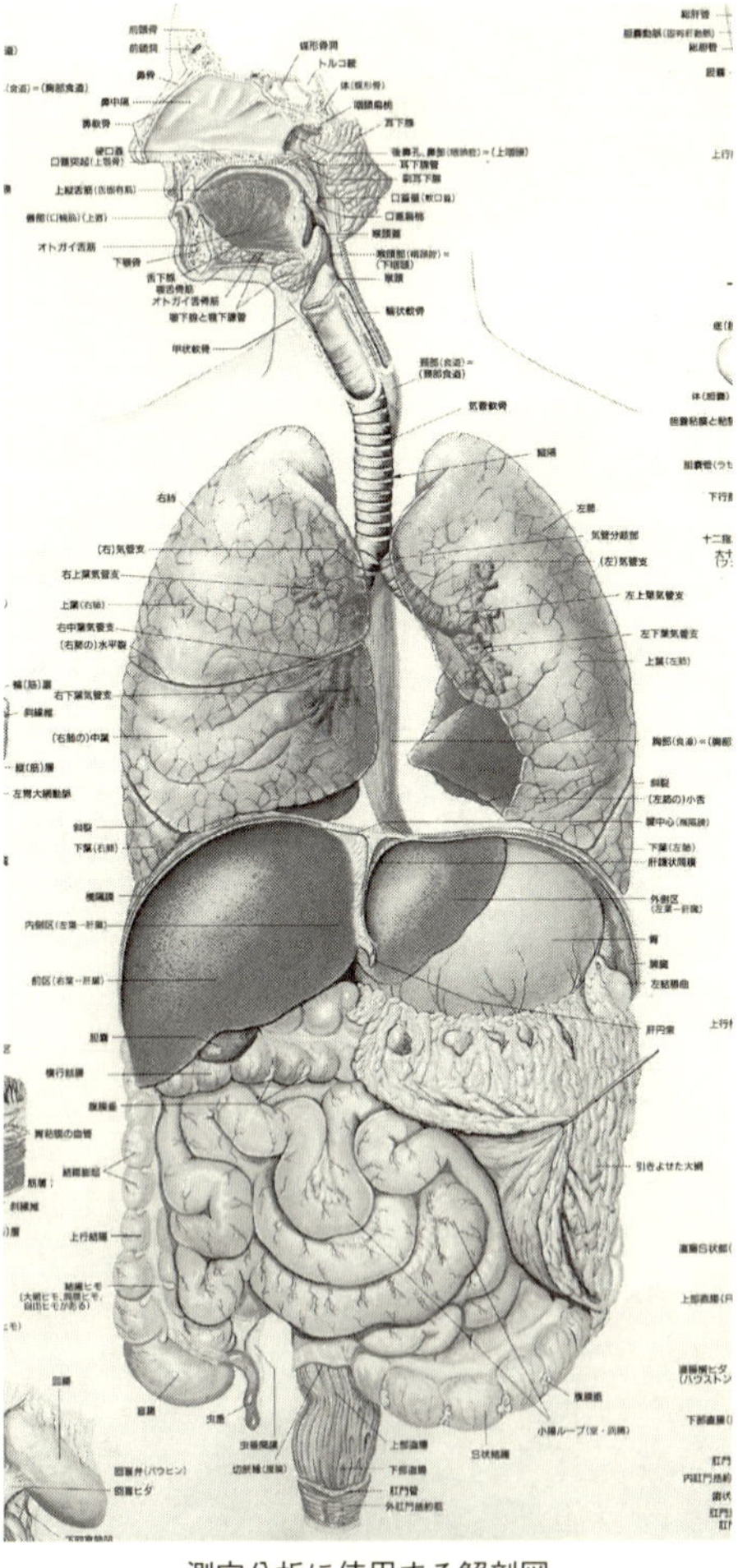

測定分析に使用する解剖図
『人体解剖学図譜集』（アプライ）より

な症状のない大腸、血液に強マイナスエネルギーが測定されたことがありました。

この症状の原因は、大腸の疾患と血液の汚れでした。そして、その大元《おおもと》の要因をたどると、食生活に根本的な原因があったのです。

肉食による動物性油脂の過多、添加物の摂取、野菜不足という典型的な現代人の食生活を送った結果、大腸に疾患が起こり、毒素が発生、蓄積されて、血液の汚れが進行したために、前述のような疾患が起こったのです。

症状から見れば、一見、気管支や肺が悪いように思われがちで、しかもその方は毎日タバコを吸っていましたから、そこに原因があると思われていましたが、タバコが原因ではなかったのです。

近年、タバコが悪の根源のように言われ、肺がんの原因の主なものであるという医師の見解が報道されています。

肺がんは、日本では増加の一途をたどっていますが、多くの肺がんはタバコよりもむしろ大腸の疾患、血液の汚れが原因であることが大多数です。肺がんの人を測定分析すると、必ずといってよいほど、大腸と血液に強マイナスエネルギーが測定されます。

肺と大腸の関係

肺と大腸の関係については、読売新聞に次のような記事が見られます。

「中国漢方には、体の各部を、互いに有機的なつながりをもった総体としてみる、独特の考え方がある。そのため治療は、局部だけでなく、体全体のバランスを考慮しておこなう。

たとえば、漢方の古典には『肺と大腸は表裏の関係にある』と書かれている。肺には気を下に送る、粛降《しゅくこう》作用があるが、この古典の考え方を踏まえて言えば、この粛降作用が大腸の蠕動運動を助けて、便通を促進していると考えることができる。一方、腸の働きを整え、便通を改善することで、腸と表裏の関係

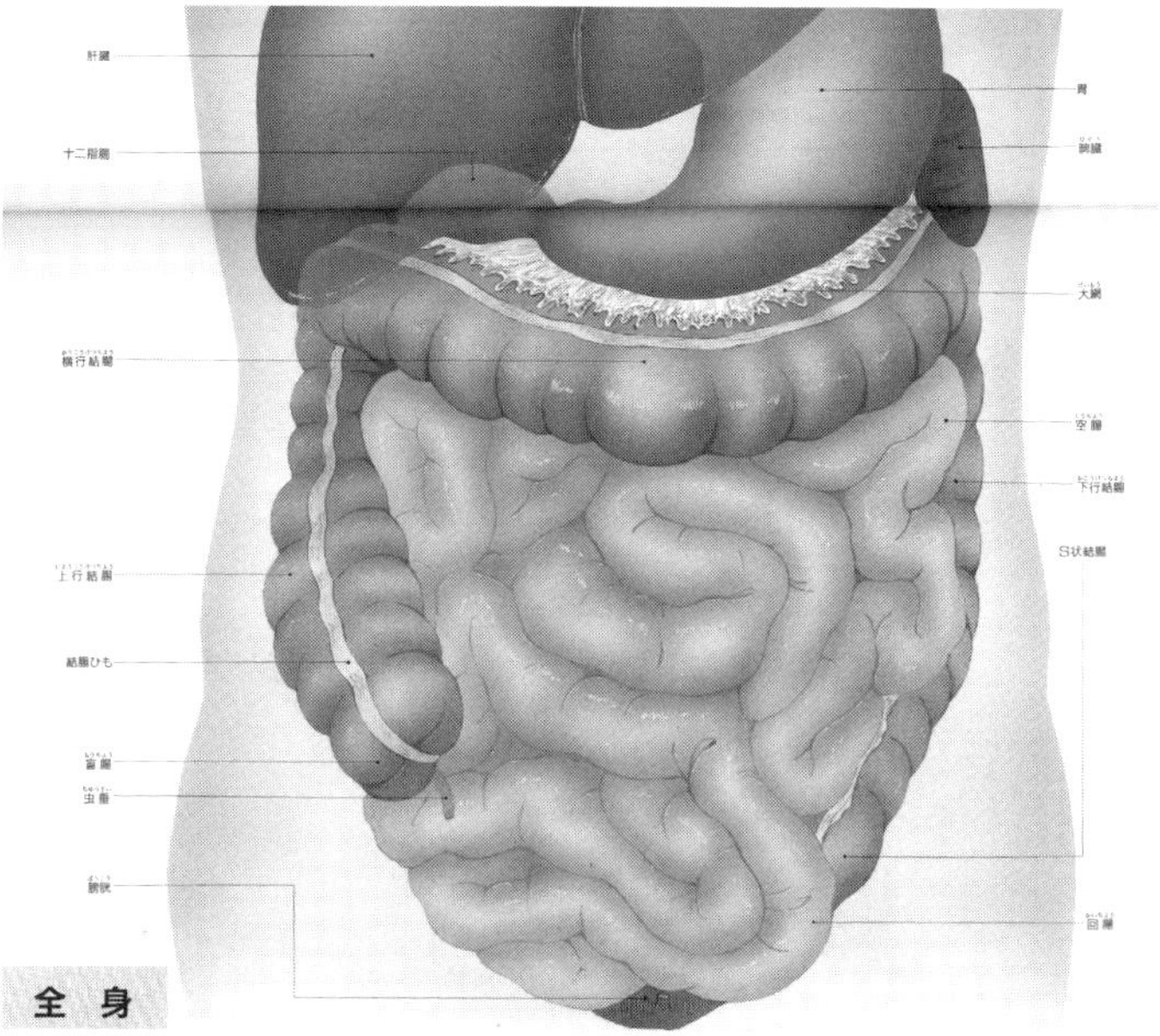

人体解剖図口腹部
『からだの事典』（成美堂出版）より

にある肺の粛降作用を促し、セキなどの症状を和らげるという、逆の治療法もまた可能になる。

具体例をあげると、風で発熱し、悪寒やセキがある場合に、解熱剤を用いても、熱がなかなか下がらないことがある。このような時は便秘を伴うことが多く、これに対しては、瀉下薬である大黄が入った防風通聖散のような処方を用いると、熱は下がり、セキもおさまりやすい。

またゼンソクを治療するとき、定喘湯《ていぜんとう》や小青竜湯のような気管支拡張作用のある薬だけでは、効果の出ないことがある。これに対して、大黄甘草湯などの通便薬を併用することで、うまくいく場合がある。

これらの治療方法は、燃え盛っている薪を釜の底から取り除くことで、鍋のなかの沸騰状態を鎮めるやり方に似ていることから、『釜底抽薪《ふていしゅうしん》』法ともいわれる。

また、体の上部にある病気を、体の下部より治療することから、『上病下取』とも表現される」

路　京華（中国中医研究院広安門医院主治医師）
～読売新聞日曜版『漢方漫歩』１９９５／２／12　より

　このように、肺と大腸は表裏の関係にあるという考え方が真実であると思います。大腸に疾患が起こると、肺に疾患が起こりやすくなります。

　こうしてみると、肺がんの原因はタバコであるという説はすべてが真実とはいえなくなってきます。

　これまでいろいろと調べてきましたが、私はむしろ、大腸の疾患や毒素と大気中の有害な化学物質のほうに深い関係があるのではないかと判断しています。確かにタバコの吸いすぎは有害です。特に日本のタバコは添加物が多く含まれていて、なるべく吸うべきではありませんが、肺がんということに関してだけいうなら、大腸の疾患を起こす食事の誤り、血液の汚れを改善し、汚染された空気を長時間吸わないようにすることが大切だといえるでしょう。

　肺がんは肺だけの病気ではありません。体はそんな単純なものではないのです。ひとつの臓器は単体として存在しているのではなく、他の臓器や組織とつながりをもった、深い関係にあります。

肺がんと同様に、乳がんと大腸の疾患との間にも深い関係があることもわかっています。食生活の誤り、大腸内の毒素、血液の汚れと、乳がん、肺がんは、表裏の深い関係にあるのです。

いままで、大気中の有害な化学物質（車の排気ガスなど）の法的規制、浄化の政策は、あまりにもいいかげんにおこなわれてきたと言わざるを得ません。タバコのみを悪者にして情報をコントロールし、肉類中心の食の有害性を隠し、アメリカ産肉類の輸入を再開した政府にも重大な責任があるでしょう。

最後に、坪井病院の岩波院長が書かれた『肺がんの話』という記事の一部を紹介しておきましょう。

「…もうひとつの種類は腺がんといい、タバコとは無関係であり、今のところ原因のわからないがんで、肺がんの45％を占める一番多いがんです。

しかも、男性よりもなぜかタバコを吸わない女性に多いのです。特に50～60

歳代の女性に多くみられますが、40歳以下の発生も稀ではありません」

大腸に関する疾患

私の測定分析では、重要な腸内善玉菌（有益菌）、悪玉菌（有害菌）のバランスも測定されます。

西洋医学では、腸内善玉菌（有益菌）、悪玉菌（有害菌）に関してはあまり重要視されていませんが、これらは腫瘍やがん、他の疾患と深い関係があり、異常があれば改善しなければなりません。これは、実は非常に重要なことです。

悪玉菌から発生する有害物質は腸壁から吸収され、血液中に入り全身をめぐります。腸内の毒素、血中毒素が蓄積されていくと、大腸がんをはじめ、動脈硬化、乳がん、肺がんなどが発生する原因になってしまうのです。

近年は、若年層にも食生活の乱れから悪玉菌が増え、腸内細菌のバランスがくずれているケースが増えています。

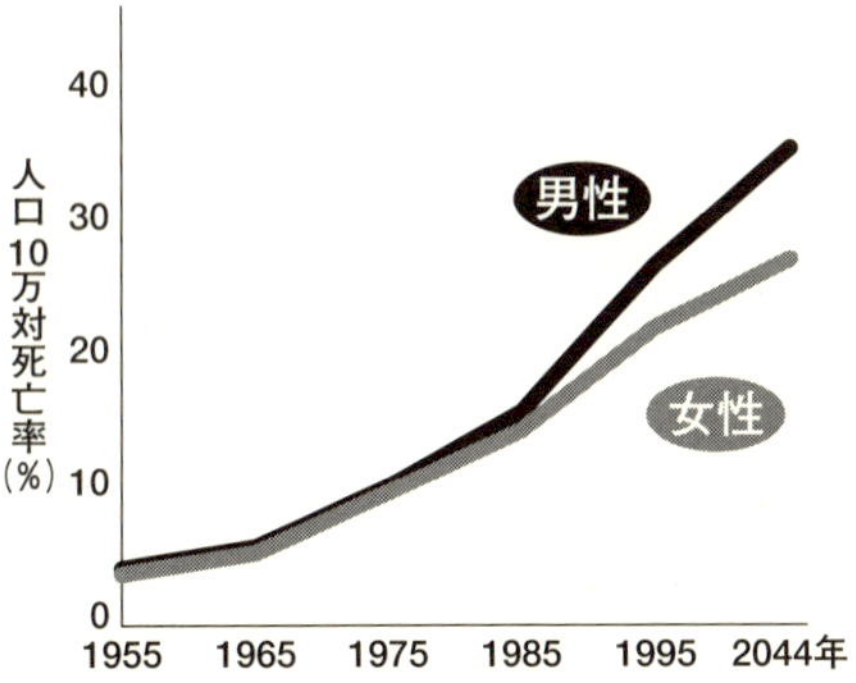

厚生労働省によれば、1950年以降の約50年間で、大腸ガンによる志望者数は男性が約７倍、女性が約６倍に増加している。これは肉中心の食生活やストレス、運動不足などによる便秘が深く関係しているといわれる。
厚生労働省：平成16年人口動態統計月報年計（概数）の概況より

大腸がんの増加

上のグラフにもあらわれているように、１９５０年以降の約50年間で、大腸がんによる死亡者数は、男性が約7倍、女性が約6倍に増えています。

その原因は、肉類中心の食事、野菜不足に加え、運動不足、添加物の大量摂取、そして腸内毒素、宿便、便秘、ストレスにあります。

また、原因不明、治療方法がないといわれている難病指定の潰瘍性大腸炎、クローン病も、悪玉菌の増加、善玉菌の極端な不足に原因があります。

以前に、病院の診断でクローン病と診断されたSさん（男性）から測定分析とHD—2、リモートトリートメントの依頼を受けたことがあります。

クローン病は、現代医学では治らないという難病です。Sさんも長年入退院を繰り返し、病院の治療ではまったく改善せず、毎日数回の下痢、発熱を繰り返すという状態でした。HD―2の飲用とリモートトリートメントを何回か実施しましたが、それでもなかなか好転せず、途中で施療を中止されました。

その後、Sさんについて遠隔測定分析をおこなったところ、腸内の善玉菌がほとんど認められず、悪玉菌がはびこり、毒素が強くなっていることがわかりました。

クローン病は、西欧諸国で多発していますが、日本でも近年増加傾向にあります。その原因は、おそらく肉食中心、野菜不足から腸内有害菌が優勢となったことで、毒素が蓄積され、腸壁の炎症、潰瘍が起こるためではないかと考えられます。

Sさんの場合も、幼いころから野菜の摂取が極端に少ないことが原因となっていました。ですから、いきなりHD―2とリモートトリートメントをおこなうのではなく、厳格な食事療法（消化の良い発芽玄米、未精白の穀類、多種類の温野菜、食物繊維の多い食品、大豆食品、小麦たんぱく質のグルテン、海藻類、ごま、野菜ジュース、青汁などを中心とした食事）をおこなって、肉類、卵、動物性油脂、乳製品、揚げ物は摂らないようにし、腸内菌のバランスがとれるまでは魚介類も控えるようにして、善玉菌を増やすことが必要だったのです。

もちろん、添加物、農薬、化学物質の含まれるものは摂らないということも厳守しなければなりません。乳酸菌生産物質のサプリメントも有効です。

その後、善玉菌が増えてきた時点からＨＤ―２とリモートトリートメントを実施すると、有効に作用しはじめます。

また、このような難病は、断食療法をおこない、腸の大掃除をして腸内毒素を解消することも非常に有効であるといえます。

精神に関する疾患

身体の解剖図では、脳の組織や血管、神経などであっても、疾患や異常があれば測定されます。しかし、いわゆる「精神病」の人たちを測定しても、何の異常も疾患も認められません。

これは、脳に原因があるのではなく、科学、医学がその存在を認めていない意識体に原因があるからです。

「ＳＰＩＲＩＴ（スピリット）」は、精神、魂と訳されます。意識、精神、心、魂は、抽象的な概念としてあり、本質は規定されていません。学者も医師も一般の人も、本質を知らないまま、言葉や文字を使用しているにすぎないのです。

意識、精神、心、魂は、物質ではない意識体であるため、確かに存在していても、その存在を証明することはできません。

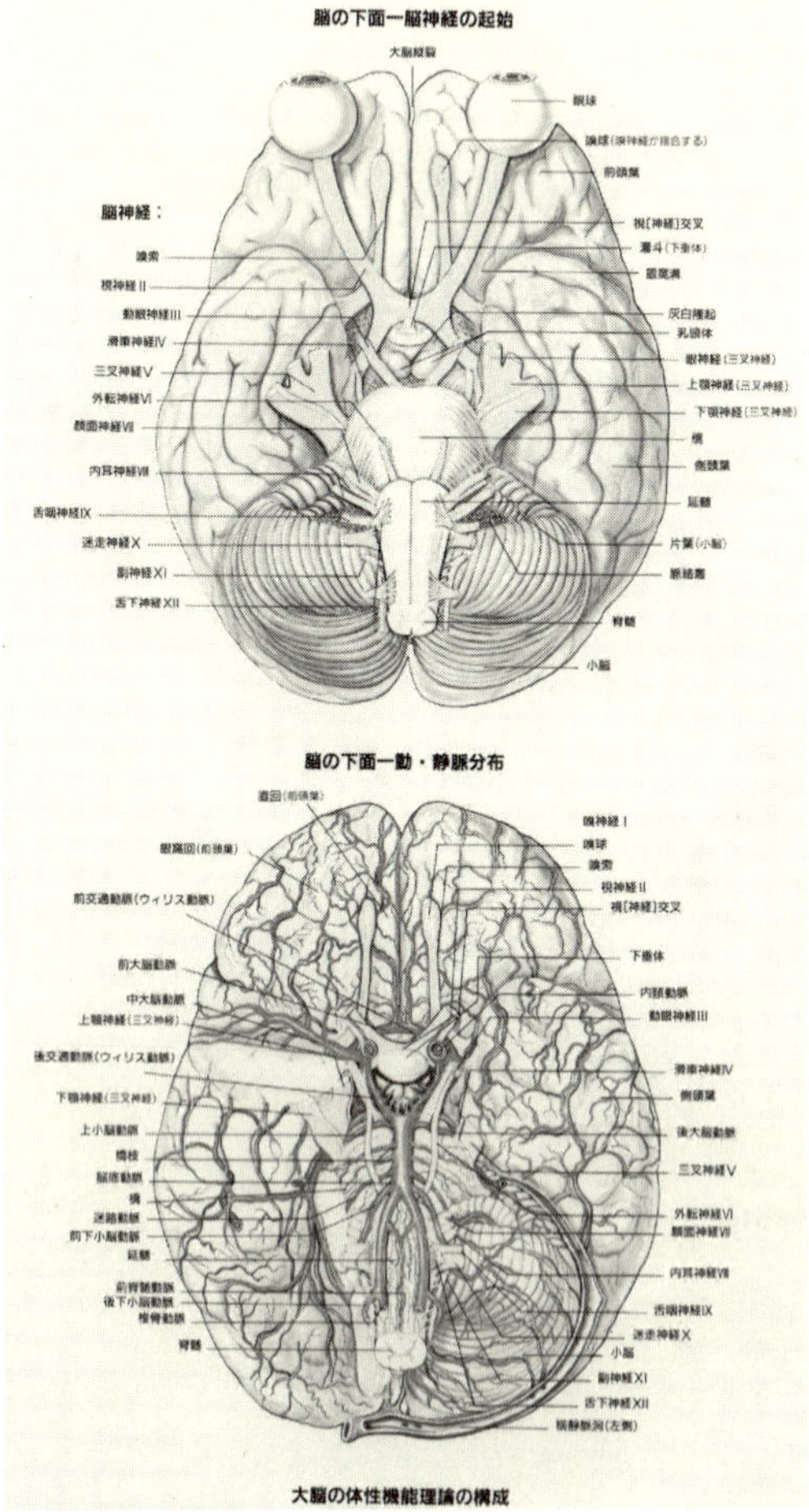

脳の解剖図
『人体解剖学図譜集』（アプライ）より

さらに、「高次の意識体」や「低次の意識体」、「本人の意識体」も物質ではありません。

精神病には、「本人の意識体」と「低次の意識体」が関与していますが、「低次の意識体」は二次的な要因であり、本質的な原因は「本人の意識体」にあります。

「低次の意識体」とは、肉体の死後、天界に昇ることを許されなかった不成仏の意識体のことですが、その意識体が生きている人間の肉体に入り込むことで、さまざまな症状が出るのです。これを「霊的障害」といいます。

精神の病を患う人々のほとんどが、この「霊的障害」を受けていますので、これを改善するためには、まず霊的障害を解消しなければなりません。霊的障害を解消してから、「本人の意識体」の改善をおこなわなければならないのです。

ただし、解消するというのは、単に身体から「低次の意識体」を出すことではありません。

「低次の意識体」＝不成仏の意識体に、天界に昇ってもらうこと、あるいは天界に昇らせることが、霊的障害の解消なのです。しかし、この力は人間にはありません。宗教やお経、お祓い、儀式、気功、ヒーリングなどでは、残念ながらこれを解消するのは不可能です。

では、どうしたらよいのでしょうか。

「高次の意識体」と「高次のエネルギー」が関与しないかぎり、精神の症状は改善しません。「高次のエネルギー」を「ＨＤエネルギー」といいます。意識体（魂、心、精神）に、きわめて高いレベルのＨＤエネルギーを注入し続けることで、改善が見込めます。

ここでは、強固な我、自己中心的な低いレベルの感情、怒りや攻撃的な思い、強い思い込み、悲観、不平や不満、なまけ心、反省心の欠如、感謝の心の欠如といった負の感情の強弱により、改善までの期間が決まってきます。上記の意識が弱いほど早めに改善し、強いほど改善までの期間が長くなります。

上記の意識が非常に強いケースの場合、早期に改善しないからという理由で、療法自体を止めてしまうことがありますが、根気強く継続することが大切です。再び霊的障害を受けないようにするためにも、今生、そして来生の人生のためにも継続が重要なのです。

測定分析においては、未病（病気としてあらわれる前の状態）を察知できるので、あらかじめそれに対する備えをしておくことで、病気になる予定を変更することも可能です。

心臓、血管に関する疾患

心臓や血管に疾患がある場合は、その部位に強マイナスエネルギーが測定されます。

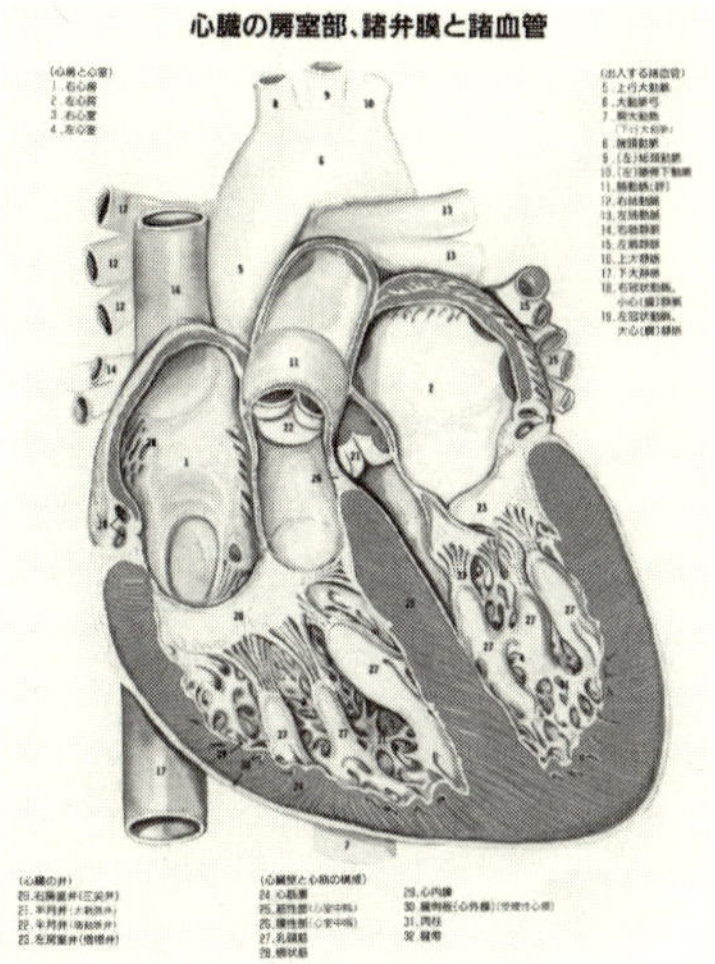

心臓の解剖図
『人体解剖学図譜集』（アプライ）より

心臓につながっている血管の硬化と詰まりが、いちばん多く測定される原因です。これもまた、食生活の誤りや運動不足が根本原因となっています。肉食の多いアメリカ人など、欧米人に心臓病が多いという事実からもそれがわかるでしょう。

昔の日本人には、心臓病は非常に少なかったわけですが、西洋食が浸透するにつれ、心臓病とがんが増加しつづけています。食べ物の選択は、その人の意識によりますから、意識に誤りがあれば、結果として病気が生じることとなります。

つまり、マイナス意識＝欲が強ければ、あれが食べたい、これも食べたいと際限をなくしてしまい、結果的に、病気をつくる食生活を自らが選択しているともいえるでしょう。

このとき、腎臓の解剖図にも疾患や悪い部位が測定されることがあります。毒物を蓄積してしまっていることが多いようです。

骨に関する疾患

背骨、頚椎《けいつい》、腰椎、骨盤などに疾患があったり、椎間板が出ている場合や損傷がある場合、その部位からマイナスのエネルギーが測定されます。

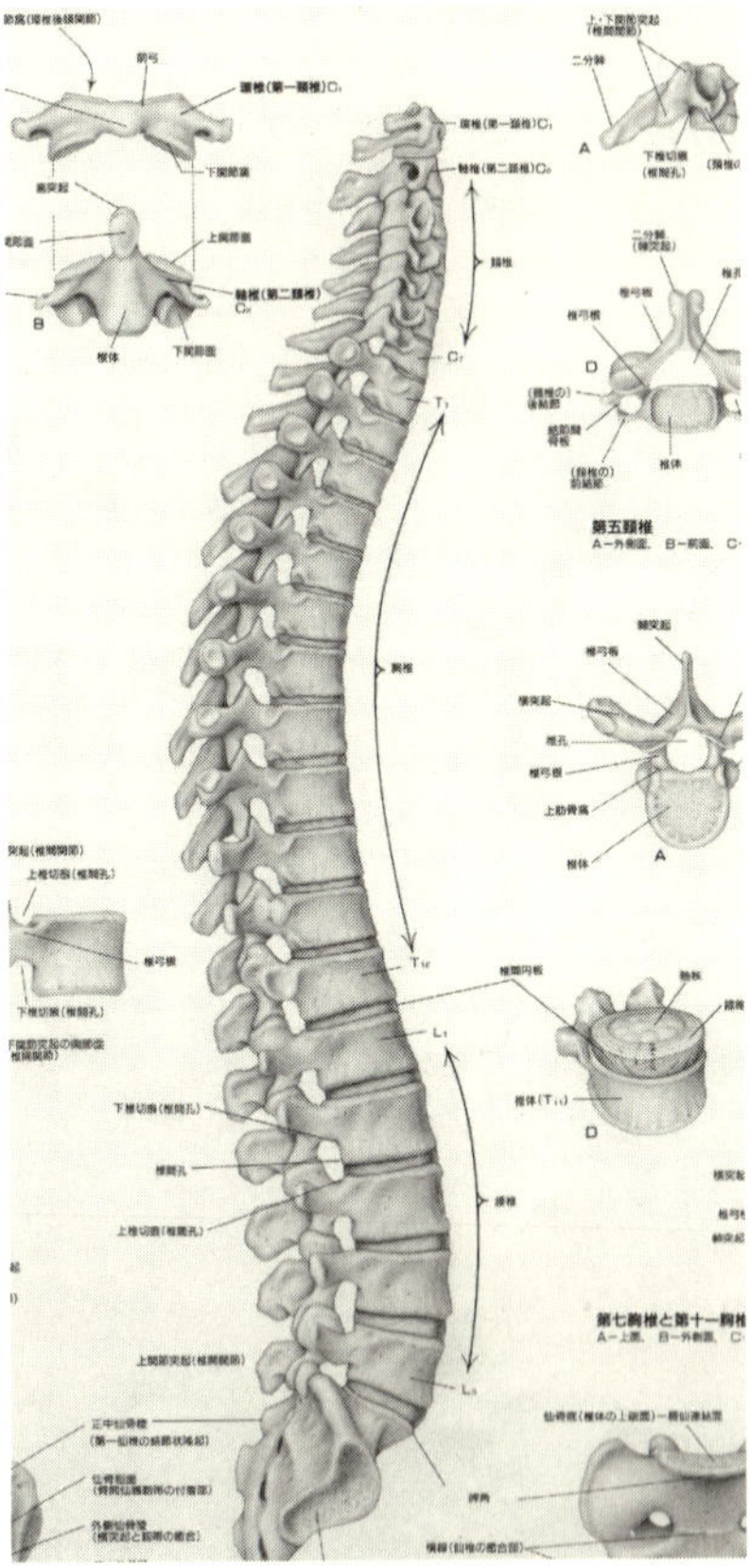

脊柱と椎骨の構造
『人体解剖学図譜集』（アプライ）より

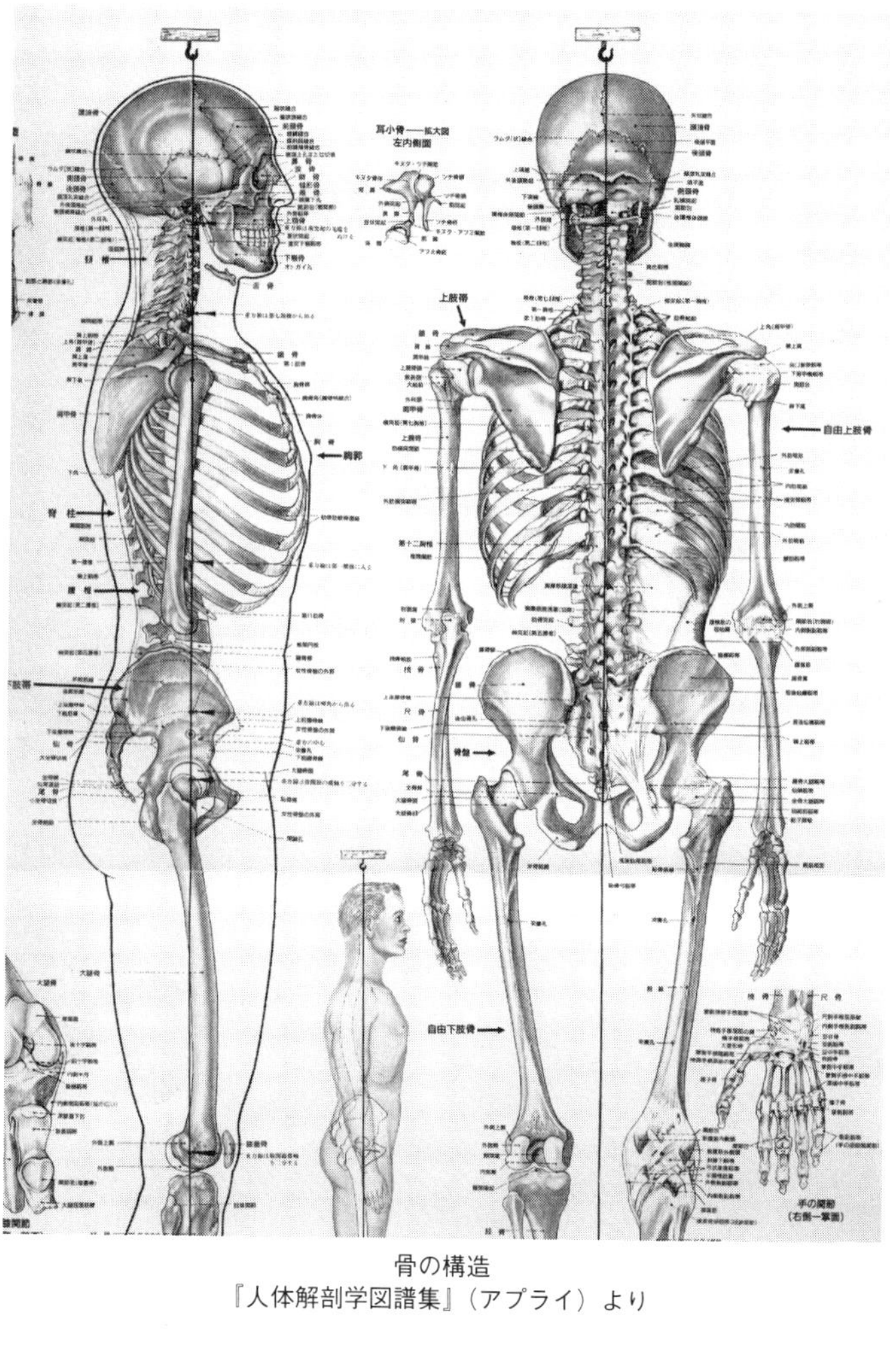

骨の構造
『人体解剖学図譜集』(アプライ) より

ぎっくり腰や坐骨神経痛など、腰の痛みに苦しんでいる人は多いでしょう。椎間板が飛び出て神経を圧迫しているような場合は、レントゲンの画像で判断できますし、治療も比較的容易ですが、レントゲンやＭＲＩなどの画像では背骨や腰椎、骨盤などに異常が認められない人も多くいます。

このような人は、神経ブロック注射、痛み止めの薬品を使った治療では病状が改善しないことがあります。そういった場合、腰や尻、大腿、下肢、足、頸、肩、背中、腕などの筋肉に毒物が蓄積していて、血行不良によって筋肉が硬くなり、その部分に激しい痛みが続いていることがあるのです。

ここでいう毒物とは、有害な化学物質、添加物、医薬品、汚れた血液などのことを指します。

現在までの12年間、測定分析の研究と非常に多くの経験を積んで、その方法はぐんと進化しました。今では、人や動物、物、家、会社、店舗、土地、水、食品、農産物、化粧品、薬品など、多岐にわたって依頼を受けています。

第四章

ＨＤエネルギーとは何か

リモートトリートメント（遠隔療法）の詳細

水や物質にＨＤエネルギーを注入、記憶させる方法の詳細

測定分析の結果から、好転や解消の方法を導くことができます。

そのとき使用するのが、ＨＤエネルギーです。ＨＤとは、high-dimension の略で、高次という意味です。

このＨＤエネルギーは、私の身体に幾度も入った光の核によって、私が想った瞬間に発生するエネルギーです。

ＨＤエネルギーの高さ（レベル）と、特定して注入する対象を心のなかで意識します。特定するのは臓器であったり、身体全体であったり、精神であったり、家や物であったりしますが、必要に応じた対象を意識して注入します。

私の手のひらからも身体からもエネルギーは放射されますが、通常は手や身体を使っておこなうことはしません。意識のみでおこない、人や動物、物にはいっさい触れません。

距離と時間にとらわれることがないので、対象となる人や物が外国でも、どこにいても（あっても）、時間も距離も関係なく瞬時にエネルギーが注入されます。物質に注入した場合は、ＨＤエネルギーは注入された瞬間に物質に記憶され、その物質から放射されるようになります。

このＨＤエネルギーを注入する療法を、「リモートトリートメント」といいます。

ＨＤエネルギーは、物理的なエネルギーとは違って、強力な活性力、浸透力があります。

注入する時間は、意識によって決めます。病状の重さや、さまざまな要因によって、30分から20時間ほどの幅がありますが、それを、２週間、１ヶ月、６ヶ月、１年などの期間、これも病状の重さなどにより違いますが、毎日実施します。

とくに、がんや精神病といった重篤な場合は、かなり高いレベルで長時間、長期間実施することが必要です。

一方、エネルギーを受ける本人は、ふだんどおりの生活をしているときでも、眠っているときでも、いつでもＨＤエネルギーが注入されますので、何の負担もかかりません。また、物理的なエネルギーではありませんので、副作用もありません。

このリモートトリートメントの方法については、パソコンやＰＤＡ（小型のパソコン）などに内容を入力して、情報とＨＤエネルギーを記憶させることで、そういった機器から遠隔操作する方法を開発しており、実用可能になっています。

エネルギーを注入されているときに、その力を感じられる人と感じられない人とには顕著な差異が見られ、感じられる人の場合は、身体が温かくなる、あるいは熱くなる、胸の奥が温かく、あるいは熱くなる、心が落ち着いて安らぐ、身体が軽く感じられる、気力がでてくる、元気になる、といったような反応を敏感に感じるようです。感じられない人は、ほとんど何も感じません。

しかし、体への変化を感じられる人も感じられない人も、どちらにも確実にＨＤエネルギーは注入され、体は活性化されています。

リモートトリートメントの原理は単純です。

マイナスにはプラスを与えて、マイナスを弱め、解消し、活性化するという単純な原理です。複雑な理論や理屈は必要ありません。

たとえば、大腸にマイナスエネルギーが測定された場合、その大腸に高レベルのプラスのエネルギーを注入して、マイナスエネルギーを解消し、活性化させ、正常にするというやり方です。

もっとも成果がはやくあらわれる方法は、リモートトリートメントと、ＨＤエネルギーを注入記憶させた水（ＨＤ—２）を飲用する方法です。

前述したように、物質にもＨＤエネルギーは注入され、記憶されるので、私の場合は、フランスなどヨーロッパでつくられた安全なナチュラルミネラルウォーターに、高レベルのＨＤエネルギーを注入、記憶させているのです。

それがＨＤ―２で、数多くの好転の報告を得ています。普通のヨーロッパのナチュラルミネラルウォーターですので、多めに飲用しても副作用などはありません。キャップを開けることなくエネルギーを加えるので、水の成分、ミネラルはそのままです。

また、加熱しても、空港などで持ち物検査のエックス線を受けても、まったく影響がなく、エネルギーは変化しません。人間の体の約60パーセントは水分でできていますから、良質な水を摂取することは健康を保つ上でも欠かせないことです。

水や物質に注入、記憶されたＨＤエネルギーは、消えたり、減少したり、低下したりすることはありません。

なぜなら、ＨＤエネルギーは物理的なエネルギーではないからです。電気やガス、石油、原子力などの物理的なエネルギーとは、まったく次元が異なるのです。このとき、ＨＤ―２に入る高レベルエネルギーが具体的にどのくらいのレベルであるかというと、現時点では８万レベルという非常に高いＨＤエネルギーを注入記憶させせています。ちなみに、一般人、土地、水などは、数値であらわすと50レベルです。

さらに、心身、環境に有益な物質の情報、たとえば薬草やラジウム温泉でなじみの深い天然ラドンなどの活性力、回復力、浸透力の情報が含まれるエネルギーを、ＨＤエネルギーとともに注入することにも成功しています。

また、前述の療法に加えて、私は食事療法と運動の必要性をアドバイスしています。

肉食中心、野菜不足、化学物質（添加物、農薬、副作用の強い医薬品など）の摂取、白砂糖（化学的に精製された砂糖）の摂取、運動不足、睡眠不足、ストレスの蓄積などは、病気となる主な原因です。

無農薬自然農法の3分米や5分米、玄米、発芽玄米を主食として、無農薬自然農法の野菜を摂るようにし（生野菜より、量が多く摂れる温野菜、煮野菜、油の少ない炒め野菜が望ましい）、豆類（豆腐、納豆、煮豆、ゆばなど）、小麦タンパクのグルテン、天然魚介、海藻類、ごま、食物繊維の多いシイタケなどのきのこ類、少量の安全な鶏卵、鶏肉などの食事を勧めています。

どうしても白米が食べたいという人は、五穀を入れるとよいでしょう。

私のアドバイスでは、食品や飲料、農産物、化粧品などは、あらかじめ測定分析をおこない、安全で信用できるものかどうか確認してから勧めています。

あらゆる物質からは、現代科学の機器では検知不可能なエネルギーが放射されています。

そのエネルギーを感知し分析すると、有益であるか有害であるか、活性力があるかないかといったことが判明します。ウランやプルトニウム、コバルトなどの放射線は、きわめて有害な強マイナスエネルギーを放射していることがわかっています。

また、がんのエネルギーは、ほかの疾患のエネルギーより非常に強い、特殊な強マイナスエネルギーを放射しています。いわゆる精神病の人の精神エネルギーも、その病気特有の強マイナスエネルギーを放射しているのです。マイナスエネルギーが強ければ強いほど、現代医学では改善が難しいということになります。

ただし、このリモートトリートメントやHD―2は、病気の特効薬だというわけではありません。エネルギーを注入した結果として、幸いにも症状が好転しているだけです。そうした事実が、エネルギーの効果を証明しているにすぎません。

現在では、セミナーなどもまったくおこなっていません。

それでも口コミで広まり、継続している人のなかには、10年以上の長い期間続けている人もいるほどです。これが偽者《にせもの》であったなら、すでに誰も相手にしてくれなくなっているでしょう。

事実として認めざるをえない証例が、多数あったということです。

第五章　なぜ好転するのか

これまで述べてきたように、測定分析によって身体の悪い部分、不活性な部分、マイナス意識などが判明しますが、それらはすべてマイナスエネルギーを放射しています。

がんの場合、ほかの疾患とは違う、がん特有の強マイナスエネルギーが出ていますし、血液の異常は血液そのものから、血管の硬化・梗塞はそれが起こっている部位の血管から強マイナスエネルギーが放たれているのがわかります。

現在は病気としてあらわれていない臓器や組織からも、マイナスエネルギーが測定されることもあります。

マイナスエネルギーの認められる臓器や組織、部位などに、マイナスエネルギー数値に応じたＨＤエネルギーのレベルを決めて注入し続けます。マイナス意識の改善の場合は、意識体にエネルギーを注入します。

注入をおこなう期間は、体の状態などに応じて2週間から1ヶ月、2ヶ月～1年、重篤なときはそれ以上おこなう場合もあります。いままでの経験からみて、長時間実施するほうがよりよい成果が得られることがわかっています。

とくに、きわめて強固な我意識を持った、自己中心、攻撃的、破壊的意識の強い人には、なるべく長期間実施するのが望ましいといえるでしょう。

人間の心や精神を改善しようとすることは、身体の改善とは違い、たいへん難しいことです。現代医学のどんな療法でも、異常な凶悪犯罪者の心や精神を改善し正常にすることは、ほとんど不可能といっていいでしょう。しかし、リモートトリートメントを実施することにより、そういった心の状態に、なんらかの改善が得られたというケースが報告されているのです。

もっとも重要なことは、心、精神、意識とは何なのか、それはどこにあるのかをあいまいにせず、明確にすることです。

現代医学では、それらは脳のつくりだす作用であるという仮説を唱えています。要するに、くわしくはわからない、不明であるということです。ここに、物質科学を基とする現代医学の限界があるのです。

レントゲンやＭＲＩ、ＣＴスキャンなど、どんな科学的機器にも写らない、測定検知されない存在が、意識体です。

基本的に、気功や手技療法、波動などとはまったく次元を異にしたＨＤエネルギーの遠隔による注入は、対象となる人や動物、物には、いっさい触れません。

マイナス、あるいは強マイナスエネルギーを放射している臓器や組織、精神などにＨＤエネルギーを注入し続けると、ＨＤエネルギーのプラスの作用でマイナスエネルギーが弱まり、解消していきます。活性化され回復して、正常な状態に戻っていくのです。

ＨＤ—2という水の飲用でも、原理は同じです。ですから、不調の原因を疾患や病気としてみるのではなく、マイナスエネルギーの強さと内容で判断するわけです。

それが改善するまでの期間は、それぞれ差があり、5分以内で改善するケースもあれば、6ヶ月以上の期間を必要とするケースもあります。

もちろん、食の誤り（肉食中心、野菜不足、食物繊維不足、添加物の摂取、化学精製された白砂糖の摂りすぎ）、血液の汚れといった他の要因も加わっている場合は、正しい食事療法を同時に進めることも必要です。

運動不足、筋力低下が遠因になっている場合は、適度な運動を継続することも重要でしょう。これらを併用することで、より早く自然な回復が促進されるのです。

第六章

精神病、異常言動の本当の原因と、HDエネルギーで好転する理由

前述したように、心、精神、意識の実体と本当の意味が正しく理解できれば、原因不明とされる、いわゆる精神病や異常言動、異常な凶悪犯罪の本質が解明されます。

そういった症状に悩まされている人々を分析すると、ほとんどが霊的障害を受けているからです。

人間の肉体が死後どうなるのかは、その人の考え方により、大きくふたつに分かれます。

１　人間は物質でつくられているので、死後は骨だけが残る。

2　人間は身体に意識体が宿っているので、死後は意識体が身体から出て、天界に昇る。天界に昇った意識体は、ある期間を得て地上に降ろされ、人間の身体に入り、新たな人生を与えられる。

これらふたつのうち、2のような考え方は、「輪廻転生」といわれているものです。

科学者や医師は、このもっとも重要で本質的なことを、哲学と宗教の分野であるとして無視し、考えること、研究することを避けてきています。しかし、科学者や医師も人間である以上、この問題から逃れることはできません。

私の見解は、数多くの体験から後者なのですが、しかし、すべての死者の意識体が成仏できているわけではなく、この世界に成仏しきれないまま、天界に昇れずにいる霊が多く残されているのもまた事実です。

輪廻転生というシステムのなかでは、転生した後の人生は、その意識体の前世の生き方と意識の内容によって決められています。生まれる場所も、戦争地域であったり、平和で経済の安定している国など、さまざまになります。

天界に昇ることを許されなかった意識体に共通するのは、強固な我意識があり、自己中心的で反省しない、感謝がなく、攻撃的で怠けている、低いレベルの感情を積み重ねたマイナス意識があることです。

そういった意識体は、どこにも行き場所がないため、現世の家や店舗、ビル、繁華街などにたむろし、身体がないせいもあって、肉体に強い執着心を持っています。そして、生きている人間のマイナス意識を感知します。

「類は友を呼ぶ」「マイナスはマイナスを呼ぶ」という法則どおり、天界に昇ることを許されなかったマイナスのかたまりである意識体は、同じような意識を持った共鳴同調する人間の身体に、瞬時に入り込むのです。

これを「霊的障害」といいます。

霊的障害は、受けた瞬間から言動に異常があらわれます。それまでの意識に加えてマイナス意識がひとつ増えることになるため、よりマイナス意識が強くなるからです。

入られた意識と入った意識体のマイナス値が強ければ強いほど、言動は異常性を増し、たびたび報道されるような異常な凶悪犯罪としてあらわれてきます。これが、心を病んだり、異常言動をおこなってしまう本当の原因なのです。私は、数多くの依頼をこなしていくなかで、その原因を理解し、人間や動物の本質を正しく認識することができました。

こういった異常言動や精神状態の好転には、まず、身体に入り込んでいる不成仏の意識体の実体（血縁関係の有無、性別、死亡原因、マイナス意識の内容など）を感知し、分析することからはじめます。そして、最終的にはこの意識体を身体から出すのですが、ただ出すだけでは何の意味もありません。ただ出しただけでは、ふたたび同じものに入り込まれないともかぎりません。入り込んできた意識体を天界に上げなければならないのです。すなわち、意識体を成仏させるということです。

その方法は、けっして難しいことではありません。意識体に高レベルのＨＤエネルギーを注入すればよいのです。その瞬間に、意識体は天界に昇ります。

この瞬間、入られたときと同じように、瞬時に表情や顔色、目つきが変わります。穏やかな表情になり、血色がよくなることが多く確認されています。

霊的障害は、瞬時に解消します。ですが、解消してすぐに異常な言動がなくなる人は少数です。なぜなら、症状に苦しむ多くの人は、元々きわめて強いマイナス意識を有しているからです。ですから、継続して高レベルのＨＤエネルギーを本人の意識体に注入し、意識の改善をはかる必要があるのです。

持っている「強マイナス意識」が強ければ強いほど、長い期間を必要とするのは、体の異常を取り除くときと同じです。持っているマイナスエネルギーが弱ければ弱いほど、この期間は短くなります。

このように、いわゆる精神病や異常言動の本質的な原因は、本人の強マイナス意識にあります。霊的障害はむしろ二次的な要因であり、霊的障害の解消だけでは本当の改善にはなりません。

では、なぜ強マイナス意識を持ってしまうのでしょうか。

それは、前世、過去世から引き続いている意識だからです。わかりやすくいうと、考え方、生き方の誤り、過去世からのマイナスの意識を今生も持っているからなのです。

何世にもわたって積み重ねられた人間の心、精神を改善し、好転させることは、たいへん難しいことです。医学だけではどうにもならない要因が絡んでくることだからです。

それを解消するには、大きなプラスの力が必要です。

ＨＤエネルギーを受けることで、高次元からの力を借り、自分を縛りつけていたマイナスの力を改善することができるのです。

第七章　人生を好転させる秘訣

幸運とは、めぐりあわせがよいこと、幸せという意味です。

人生を幸せに暮らしたいと想う願いは、誰しもが持っているものでしょう。しかし、現実には、幸福感に満ちて人生を送っているのは、ごく少数の人たちでしかありません。

世界を見ても、宗教対立を含む戦争地域、飢餓に苦しんでいる地域、北朝鮮のような、人権も自由もない国、犯罪が多発している地域などには、苦しみあえぐ多数の人たちが暮らしています。裕福で生活の心配もなく暮らしていける人は、人類の数からしても本当に少ないといわざるを得ないでしょう。

日本はおおむね豊かであると思うかもしれません。幸せとは、金銭を他人より多く所有することであると誤解している人は、日本人にとくに多くいるようです。

私は今までの人生の流れのなかで、一般の人たちが体験できないできごと、超常的現象を数多く体験してきました。

前妻の精神病による家族の崩壊、仕事の破滅、経済的な破滅をも経験しました。

前述したように、星野真知子先生の予知夢どおりに動かされたこと、尼僧が予知どおり家を買われたこと、京都市在住のころ、経済的苦境にあえぐ私に星野先生姉弟から資金を提供していただいたこと、早稲田経営学院の学院長から融資と援助をいただいたこと、サンロード出版の月刊誌に6ヶ月間、原稿を連載させていただいたこと、たま出版から2冊の書籍が出版されたこと、それによって多くの反響をいただいたことなどは、偶然ではなかったのです。

光の核が私の身体に入ったことも、偶然ではありません。

いつも、苦境のときには、私の前に救いの人々があらわれてきました。

そういった人々の助けを借りて、スイスのグリンデルワルトの美しいアルプスのチャペルで、現在の妻と結婚式を挙げることもできました。新婚旅行では、ヨーロッパを電車で約1ヶ月間も巡ることができました。

めぐりあわせがよいという現象が起こるのは、単なる偶然ではありません。その人の意識の内容と深く関わりあっているのです。

意識は物質ではありませんが、エネルギーと力を有しています。

そのエネルギーは、三つの種類に分かれます。プラスエネルギー、プラスでもなくマイナスでもないエネルギー、マイナスのエネルギーの三種類です。原理法則として、プラスはプラスを呼び、マイナスはマイナスを呼びこみます。

一方、マイナスの意識は、そのままではプラスへと好転させることはできません。その結果として、よいめぐりあわせが実現しないため、苦境、困難、病気などが改善しないという事態に陥ります。幸運、幸せが与えられないのです。

心を浄化するという言葉があります。

勘違いをしている人々は、肉体修行によって心が浄化されると思い込み、苦行などを繰り返していますが、こういったことはまったくの誤りです。それどころか、それらはマイナスの現象を呼びこむ行為なのです。

意識のエネルギーを高め、活性化させ、マイナス意識を解消する実践の継続こそが、めぐりあわせをよくし、幸運を呼びこむことにつながります。

第八章　さまざまな実証例

この章では、実際にあったこれまでの実証例を紹介していきたいと思いますが、すべてを紹介するのは紙数の関係で難しいので、そのなかのごく一部を紹介します。なお、プライバシー保護のため、氏名、住所は記していません。

Kさんからの報告（eメール）

06年3月20日

いつもありがとうございます。今日、久しぶりに胸が熱くなったときに涙が出ました。

なぜ胸の奥が動いたり、涙が出るのでしょうか。胸の奥が動くときはプラスの現象のときだけなんでしょうか。よく、悪いことが起きそうなときに胸騒ぎがすると言いますが、これも魂が動く現象なのでしょうか。

06年6月12日

今年は五月病になりませんでした。無気力になることがありません。少し精神が強くなったようです。感謝致します。

06年6月21日

最近、また幸福感が出てきています。今日は胸の奥が激しく動きました。動いている時は非常に心地よい感じがしました。ビル・ゲイツさんが一線から身を退いて、慈善団体の方に力をいれるそうです。

06年7月4日

体は一日中熱く感じます。胸の辺りが特に熱く感じます。

ＨＤエネルギーの作用により、このように胸の奥が熱くなったり、動くという現象が起こる人がいます。

これは、胸の奥に存在する意識体が活性化されて動くためです。

この現象を体験した方はまだ少数ですが、大変すばらしい現象です。

意識体の存在を裏付ける実証といえるでしょう。

06年4月28日

こちらは、朝氷点下にならなくなりました。そちらはいかがでしょうか。まだ幸福感が続いています。

不安感が出ることもほとんどありません。精神の安定は増してきていると感じます。変なこだわりがなくなってきている感じがします。

このまま良くなっていけばいいと思います。

幸福感が続く、不安にならないという現象は、精神エネルギーが高まってきたことによって起こります。

私も南伊豆町に在住のころ、仕事、家庭などすべてが崩壊し、東京へ移転後、ゴタゴタが続いていたときに同じ現象を体験しました。

周囲から見れば、私は不幸のどん底なのですが、不思議なことに心が軽く、不安感はまったくなく、それどころか強い幸福感が続いていたのです。

状況はきわめて厳しく、苦境に立たされていた時期でしたが、意識（精神）のエネルギーが高まったことにより苦しみが苦しみでなくなり、仕事も家庭もすべて破滅したにもかかわらず、幸せな気持ちでいられたわけです。

人は、苦境に陥ると、そのことに悩み苦しみ、最悪の場合、自殺してしまうこともあります。

しかし、そんなときにこそ精神のエネルギーを高めようとしなくてはなりません。精神のエネルギーが高まると、マイナスの感情や意識を打ち消します。それくらい、意識のエネルギー、精神のエネルギーは、強力な力を発するのです。

不幸、不運、苦境は、乗り越えて好転させることが可能です。

苦境を乗り越えることによって、さらに意識エネルギーが向上します。

意識（精神）にＨＤエネルギーが作用することによって、エネルギーが高まり、その結果、人生が好転していくのを実感できるでしょう。

Ｋさんは、長期間リモートトリートメントを受け、ＨＤ―２の飲用も続けている結果、心も身体もエネルギーが大幅に向上し、活性化しています。そのため、強い幸福感、多幸感があるのです。

Mさんからの報告（eメール）

06年4月5日、

お忙しいところ、HD―2とカード、そして測定分析結果をこんなに早く送ってくださいましてありがとうございます。

身体的にマイナスになったところがなく、安心しました。以前なかったストレスが今回あったのが少し気になりましたが…。それにしても、本当にここ1、2年の仕事の忙しさには驚きます。

ただ、以前とは比べものにならないくらい精神的に落ち着いていて、助かっています。HD―2やPSI　WAVEのおかげです。

以前の私なら、もうとっくにパニック状態に陥り、胃腸が悪くなり、食欲がなくなって病気になっていたと思います。

こんなに元気でいられるのは、阿部様のおかげです。

いつか、ドイツに行ってしまわれるのでは…と、少し不安がありますが。こんなことを考えるのは余計な心配でしょう。

いつも迅速な対応をしていただき、ありがとうございます。


Mさんは、私のつくっているすべての製品を使用して、HD―2も長い間飲用しています。時々、ご両親や妹さんへもリモートトリートメントの依頼をされる心優しい方です。

定期的に測定分析をおこなっており、精神、身体ともに、一般の人にくらべてかなり高いレベルのエネルギーに向上しています。

このときは、残業の多い多忙な仕事が続いていたにもかかわらず、精神は落ち着いて安定していました。精神エネルギーが高まり、強くなったからです。

精神のエネルギーが高まることは、意識の向上、心の浄化と同じ意味ですが、身体にも作用して、プラスの作用を及ぼし活性化させます。

さらに、与えられた今生の人生のなかで、意識と身体を向上させることは、今生のみならず、来世にも大変良い結果を実現することとなります。

ＫさんやＭさんのように、長期間ＨＤエネルギーの取り入れをおこなっている人は、確実に心身に変化が起き、改善しているのです。

最近は、私のエネルギーレベルが高まっていることもあって、取り入れるとすぐに顕著な反応があらわれています。

疾患のある人、重病の人、精神に不調や異常のある人などは、ＨＤ―２及びリモートトリートメントを長期間継続して取り入れることをお勧めします。強固な我、強い自己中心的な意識は、短い期間では改善しないからです。

前世、過去世からずっと引き継いで積もり積もっている心の汚れ、強固な我、自己中心的、攻撃的な心、低いレベルの感情などを、たった１週間や１ヶ月間で改善しようと思っても、それはほとんど不可能でしょう。

一生を何度も繰り返して溜めてしまったマイナスを浄化するのは、根気のいる作業です。

Ｏさんからの報告（ＦＡＸ）

06年6月2日

ＰＳＩ　ＷＡＶＥは強烈です。空間のエネルギーが上がったのがよく実感できます。感覚でも、手先や足先がピリピリします。近くに置くと、内臓がグルグル活性化されるようです。

精神的にすごく落ちつきます。静かなおだやかな感じです。

前に、ＰＳＩ　ＷＡＶＥ１、２の両方を使ったときもよくわかりました。

光は見えませんが、あざやかになったのはわかります。

緑のきれいな野菜をいただいています。ありがとうございます。

06年4月3日

桜もちらほら散りはじめています。

先生のおかげで、せきとたんは大変少なくなってきました。ありがとうございました。とても感謝しています。今は、元気で働いております。食事にはこれからも気をつけていきます。また、リモートトリートメントをよろしくお願いいたします。リモートトリートメントをしていただくと、HD―2だけよりも回復のスピードが違います。やはりすごいです。

浴用トルマリンを、いつもお風呂からあがった後、窓の下につるして乾かしています。その水滴がポタポタと土にしみこみ、そこだけ他の草花よりだんぜん生育がよく、びっくりしています。

先生が引越しされて、距離が近くなったようでうれしく思います。

Oさんは、咳が激しく出続ける、血痰が出るという病状が続いていました。

これに対する測定分析の結果では、肺、気管支の異常ではなく、大腸、血液に異常が見られ、強マイナスエネルギーが測定されました。

その後、ＨＤ―２の飲用とリモートトリートメントを実施した結果、驚くほどの短期間で好転しました。もちろん、食事の改善も同時におこなった結果です。ＨＤエネルギーの施療をおこなわず放置し続けたら、いずれは大腸がん、他の重病が発生することは明白でした。

この病状の原因は、食事の誤りから大腸の疾患が起こり、強度な血液の汚れが起こっていることにあったのです。

意識の誤りが本質的な原因です。

06年8月2日

以前、お風呂場の外に、トルマリンをつるしておきましたら、その水が下の土にしみこみ、草花の成長が他のところよりぐんとよくなったというＦＡＸをいたしましたが、その後、見事に咲いてくれました。その様子をカメラにおさめましたのでお送りいたします。

ポピーとセグルマソウを混植したのは4月頃でしたが、6月には背丈もとくに大きくなり、すばらしい色で、次々に花を咲かせていました。通りがかりの方が写真を撮っていくこともありました。トルマリンは植物にもすばらしい効果をあげますね。

写真右上に見える浴用トルマリン石に注入、記憶されているHDエネルギーが水に移り、下の土にしみ込んで、植物が活性化されて生育が旺盛となり、美しい花々を咲かせている様子がわかります。

通常、植物のエネルギーは50レベルですが、この写真では3000レベルに向上しています。HDエネルギーが人のみならず、植物をも活性化して元気にするという実証です。

また、これとは別の、軽井沢在住のKさんのケースでは、飼っていた犬（ゴールデンレトリバー）が起き上がれなくなり、食べ物もほとんど摂れなくなっ

トルマリン石に注入したHDエネルギーの効果で驚くほど生育した草花。右上に見えるのがトルマリン。

活性化された植物。
背丈が通常より高くなっている。

てしまった状態で依頼をいただいたことがありました。

遠隔測定分析を、名前、生年月日、住所から特定しておこなった結果、肝臓に強マイナスエネルギーが測定され、肝臓の機能が極度に低下していることが判明しました。精神エネルギーには異常は認められません。

療法の依頼を受けて家に伺い、クッキー（犬の名前）の肝臓に、意識によるＨＤエネルギーの注入をおこなったところ、驚くことに5分ほどで起き上がって歩けるようになり、急速に回復して食欲も正常に戻り、見違えるほど元気になりました。私から見ても奇跡的ともいえる回復の早さでした。

クッキーの肝臓機能の極度な低下の原因は、床暖房による内臓の温めすぎでした。家の中で飼っていたため、犬にとっては暖かすぎる環境におかれてしまっていたのです。犬の臓器を活性化するために、家の中で過保護に飼うことを止め、庭に犬小屋を置いて、外で飼うことをすすめました。

その後クッキーは外で生活するようになり、以前に比べてもより元気になったのです。医薬品を使用せず、身体にもいっさい触れずに回復したわけです。

このケースでは飼い犬の事例を取り上げましたが、Kさんの家族は、今までにも、疾患をはじめとして、もろもろの不調が好転しています。

Iさんからの報告（eメール）

二女のYの件ですが、ついこの間、本人が自覚したほどの大きな変化がありました。1月中、長女の二人目の出産に伴って、1歳4ヶ月になる長女の子を仕事場に連れて行ったり、家では一緒に寝たりして母親以上に子守をしていました。疲れが出ないか心配していたのですが、本人は平気な顔をしていたのです。

リモートトリートメントをしていただくまでは、疲れやすく、50歳か60歳くらいの年齢のようでした。つい一ヶ月前まで、肩こりがしんどいと訴えていたのですが、今は赤ん坊をおんぶしたりして普段より肩が疲れているはずなのに、ひとつもそんなことは言いません。本当に、健康体になりました。

長男が落ち着きましたら、主人にもお願いしたいと思っています。ありがとうございました。

Iさんからの手紙

阿部憲治様
こんにちは　いつも大変お世話になっております。
両親の分析結果有難うございました。
良い結果でしたので安心しました。
弟の方ですが、最近怒ることもなく穏やかに
なり反応も普通になってきました。
頑固さも少しずつ和らいできまして以前は食事
を作ってもあまり食べないのでよく喧嘩になって
いましたが最近は作って置いても手を付ける
様になりました。
まだ頑固なところはありますがだんだん変化
が見えてきましたので希望がもてます。
またご報告致します。

弟さんの測定分析結果では、身体、精神ともにマイナス70レベル、第一意識（3）、第二意識（2）、第三意識（マイナス70）という、強いマイナスエネルギーが測定されていました。

また、第三意識の実体は、血縁のない病死した男性の意識体で、強度の霊的障害を受けていることが確認されました。

手紙に出てきたIさんの弟さんは現在52歳で、29歳のときに精神病を発病し、病院の薬を服用し続けてきましたが、まったく改善しなかったとのことでした。

弟さんは、第三意識にもあらわれているように、重い霊的障害を受け、マイナス70レベルという、きわめて強いマイナスエネルギーを放射していました。

こういった霊的障害を受ける原因は、本人のきわめて低い意識レベルにあります。マイナスはマイナスと共鳴同調し、不浄仏の意識体を呼び込んでしまうのです。

弟さんの衣類や寝具、さわったもの、鏡などにも強マイナスエネルギーが記憶され、つねに放射されている状態でした。スピリチュアルカウンセリングを受け、浄化したとのことですが、まったく浄化はされていなかったのです。

このケースは、リモートトリートメントを実施し、2ヶ月目に入りましたが、明確に好転が見られています。

この弟さんへは、途中から、遠隔で精神に注入するHDエネルギーをかなり高め、今までより高レベルのラジウムの情報エネルギーを加えました。

毎日長時間の実施で、強固な我、自己中心の意識が好転するという現象があらわれています。リモートトリートメントやHD―2などのHDエネルギーにより、事態が好転するという実証といえるでしょう。

また、この弟さんへのリモートトリートメントは、継続して実施することが必要であると感じています。人間の意識を改善し正常にすることは、もっとも難しいことです。

戦争や宗教戦争、テロ、犯罪、憎しみ合い、不和が世界中に絶えることなく続いていますが、その本質の原因は、意識の低さ、汚れ、強欲など意識体の異常にあるのです。

阿部憲治様
いつもお世話になっております。
弟の現在の状態ですが、だんだん頑固さもなくなって
まいりまして、素直に私の言うこと聞いてくれる様になり
又自分からときどき掃除機をかけてくれたり
草むしりなどにも少し動く様になってまいりました。
目も以前は虚ろで瞬きばかりしていましたが、最近
は瞬きの回数も減ってきまして、目に力がついてきた
様に見受けられます。
一日も早く普通に戻ってくれることを願っております。
リモートトリートメント4月も継続して下さい。

リモートトリートメントを継続すれば、このような喜ばしい変化が起こってきます。意識、心を改善することは難しいことですが、あきらめず、希望を持って、辛抱強くリモートトリートメントを継続されるよう願っています。

Sさんからの報告（FAX）

いつもありがとうございます。

前回購入しました、入浴用トルマリンの効果はすごく、かなりの発汗作用があります。

バネ指というのでしょうか、左手親指の腱鞘炎も、以前だと、トンネルにはまってしまうと曲げ伸ばしを直すのにものすごく痛みをともないましたが、今は軽くなり、左手の力だけで元に戻せるようになり、これなら手術なしでも治ると確信しました。

このSさんのケースでは、左手親指の腱鞘炎がひどく、病院の医師の診断では手術が必要といわれていたほどだったのが、好転してきたという報告です。浴用トルマリン石から放射しているHDエネルギー、ラジウムなどの情報が作用したのでしょう。SさんはHD—2をかなり以前より継続して飲用されていましたから、その効果もあったようです。

他の方々からも、浴用トルマリン石を入れて入浴すると、身体がよく温まり、発汗作用もあるという報告をいただいています。

Yさんからの報告

おかげさまで、主人は3月1日より寝床を片づけ、起き出して机に向かって仕事をするまでに回復しております。

昨日は一昨日より元気が出てきたようでした。

当たり前の生活が戻りつつある幸せを感じております。

食欲もあり、食事もおいしくいただいております。2月28日には血圧が低かったのですが、3月に入ってから普通の状態になっております。この調子で薄紙を剥ぐように健康を取り戻していってくれたらと思います。

主人には、HD—2をとったりリモートトリートメントをお願いしていることは話していません。

先生にはまたまた助けていただくことになってしまいました。ありがとうございます。

この方は、ご主人の健康向上のためによいと思い、甲田療法（生菜食、小食、断食療法）を実践したところ、当初は体調も良くなったそうですが、しだいに体重が減少し、息切れ、低血圧といった症状があらわれて衰弱し、とうとう寝込んでしまったということです。

2ヶ月間息切れが続き、非常に危険な状態ということで、好転のために依頼をされました。

遠隔測定分析をおこなった結果、ご主人には、栄養、たんぱく質不足、体力、生命エネルギーの低下、衰弱が認められました。

そのままの状態であれば、年齢から判断しても、肉体の死を招いてしまう危険が高かったでしょう。

そこで、リモートトリートメント、HD—2の多めの飲用をすすめ、食事の内容を正しく修正しました。

たんぱく質（天然魚介、安全な鶏肉、レバー、卵、チーズ、ヨーグルト）、煮野菜を摂り、玄米にこだわらず消化の良いご飯を摂取するように勧め、なにより美味しくいただくことが重要であるとアドバイスしました。

その後、前記の報告のように好転しました。

ＨＤエネルギーの活性力は非常に強い力があります。

Ｔさんからの報告（ＦＡＸ）

いつも大変お世話になりましてありがとうございます。

遠隔療法3ヶ月をお願いしましたら、おかげさまで、1日何回となく起きていて、しかも回数が増してきていた、耳のうしろの大きい血管を押し上げるような痛みや、頭全体のどこかでピリピリと電気の走るような不快感がしだいに遠ざかり、今ではまったくなくなりました。

病院でＭＲＩをしてもらっても異常なしで、でも私自身にはとても気がかりで苦しかった部分が改善し、ほんとうにうれしく思っております。
ありがとうございました。

Tさんは、病院の検査では異常なしとの診断でしたが、本人は身体の痛みや異常を強く感じていました。
測定分析の結果は、血液、卵巣（マイナス30）、子宮（マイナス40）強マイナスエネルギーが測定されるという結果があらわれていました。これは、リモートトリートメントにより好転しています。

Yさんからの報告

10月にがん検診で子宮がんが見つかり、旅行に行ってもよいと言われましたが、手術することが決まっておりました。

わたしは、これは軽い子宮がんということなのか、それとも二度と立ち上がれなくなる前に一度行ってきなさい、ということなのかわからずに出かけました。その際、左側のウェストにパワーカードを付けていきました。

盛岡を出発して五日目に左の腰が手のひらの大きさほどの範囲で熱くなり、オレンジジュースのような小水が三日続きました。

その後、入院すべく病院を訪れましたら、なんとがんが流れてなくなっておりました。


パワーカードというのは、スーパーナチュラルウェイブカードのことです。カードから放射されているHDエネルギーにより、子宮がんが好転したという報告です。病院では、子宮がんが消滅したという診断結果でした。

その後、何度もYさんにお会いしていますが、体調に問題はなく元気で暮らしています。

ＨＤエネルギーは、あらゆる物質や水などに注入、記憶され放射し続けます。病気の改善のためにつくられたものではありませんが、結果として多様なプラスの現象があらわれています。

同様な例として、病院で、肝臓がんの末期、余命４ヶ月であると診断されたＫさんのケースでは、測定分析の結果で、肝臓に強マイナスエネルギーが測定され、霊的障害を受けていることがわかりました。

依頼により、霊的障害の解消と、ＨＤエネルギーを注入、記憶させた水を毎日、飲用していただいたところ、約１ヶ月後に病院で検査をした結果、末期の肝臓がんがなくなっているとの診断でした。

地元では、奇跡が起こったといううわさが広まったそうですが、これはけっして奇跡ではなく、ＨＤエネルギーとの共鳴同調による作用の結果です。

後で知ったことですが、Ｋさんは水を薄めないで原水を飲用していたとのことです。

このような現象が多数の人に起こるかどうかは、実施してみなければわかりませんが、このような例もあるという実証として紹介しました。

このほかにも、実証例は、この12年間でたいへんな数になっており、すべてを紹介することはできません。紙面の都合上、ごく一部のみ記載させていただきました。

既刊の『天使と高次エネルギーの奇跡』にも何件か事例を記載していますので、そちらも参考にしていただければ幸いです。

また、年4回の発行の会報『ＰＳＩ　ＷＡＶＥ』は、心身、環境に有益な情報の紹介、実証例の紹介、一般には紹介されていない本当の情報などを記載しています。

購読を希望される方は、巻末のメールアドレスまたは電話、ＦＡＸにてお申し込みください。

第九章　強マイナスエネルギーをプラスに変える

エネルギープラス8万レベルのＨＤ―2

ＨＤ―2は、ヨーロッパの安全なナチュラルミネラルウォーターに、ＨＤエネルギー（プラス8万レベル）と、生体に非常に有効で有益な活性力のある天然のラジウムの内容情報を注入し、完全に記憶させた水です。

無色で臭いはまったくありません。開栓後は、冷蔵庫で保存します。

水のなかにエネルギーを入れ、情報を注入する手数料をご負担いただいてお分けしています。書籍、会報などをよく読んで、正しく理解したうえでお申し込みください。

波動水、気の水、健康食品、薬などとは違います。

ＨＤエネルギーとは、現代科学では検知、測定不可能な、心身を活性化する高レベルのエネルギーです。その成果は、書籍、会報誌の記載をご参照ください。リモートトリートメントの併用は、より活性化をうながします。

天然のラジウム、ラドン、トロンの放射線は、浸透力、活性力が強く、生体には非常に有効です。

有害な放射線は、ウランやプルトニウム、コバルトなどで、きわめて強いマイナスエネルギーを放射しています。

エネルギープラス8万レベルのＰＳＩ　ＷＡＶＥ　1

身体、精神、動物、生物、環境を活性化するＨＤエネルギーと、高レベルのラジウムの情報エネルギーを電子部品と全体に注入記憶させた、ＨＤエネルギーの電波を発信する強力な小型発信機です。

ＡＣアダプターを使用する設置タイプと、単5乾電池を2本使用（約40時間稼動）する携帯タイプの2種類があります。

空間の有害なマイナスエネルギー、電磁波に含まれるマイナスエネルギー、人や物などから放射されているマイナスエネルギー、科学的機器で検知不可能な強マイナスエネルギーなどを消去して、有益なプラスのエネルギーに変換します。

また、患部や不調な部分に当てると、その部分に有益なＨＤエネルギーが注入され、活性化される効果があります。

送信の範囲は、地形により約１０００メートルほどです。

一般家庭、会社、事務所、店舗、工場、学校、病院、治療院、農地、ホテルなど多方面に使用できます。

プラスエネルギー8万レベルのＰＳＩ　ＷＡＶＥ　２

超薄型のカードサイズで、トーン発信機に身体、精神、動物、生物を活性化するＨＤエネルギーと、高レベルのラジウムの情報エネルギーを注入し、記憶させています。

スイッチをＯＮにすると、ＨＤエネルギー、ラジウムの情報エネルギーが含まれた電波が発信され続けます。

電磁波に含まれる強マイナスエネルギーを解消し、空間のエネルギーを生体に有益なプラスのレベルに向上させます。

物質や人間から放射されている強マイナスエネルギーを解消するので、パソコンの多い室内、パソコン使用時や、不快を感じる場所、満員電車の中、人ごみのなか、会社、店舗の中など多方面に使用できます。

身体の不調な部分、疾患の部分などに当てると、有益なエネルギーが注入され、活性化されます。リチウム電池1個使用で30時間以上発信でき、送信距離は約300～600メートル、通達エリアは約600メートルまで広がります。

プラスエネルギー5万レベルのトルマリン石

飲用水やお風呂の湯に使うことでエネルギーを高め、簡単に活性力のある水、温泉以上のエネルギーの高い湯をつくります。

飲用には、ナチュラルミネラルウォーター、または、性能の高い浄水器の水を利用することをおすすめします。もともとの水が綺麗でないと、せっかくエネルギーを与えても意味がないからです。

トルマリン石は、血行促進（遠赤外線効果）、界面活性作用、マイナスイオン発生、鮮度保持効果、脱臭効果、塩素除去効果、水のクラスターの微細化、ミネラルの溶出など、健康に有益な効果が認められています。

浴用は、使用すると芯からよく温まり、発汗作用があります。

入浴中にＨＤエネルギーが、全身の皮膚から注入される効果があります。

プラスエネルギー5万レベルのスーパーナチュラルウェイブ

カード（大と小があります）とシールになっており、ＨＤエネルギーとラジウムの情報エネルギーが注入され、放射されています。

電磁波に含まれるマイナスエネルギーや、心身を不活性化するマイナスエネルギーを有益なエネルギーに変換します。また、生体に対しても有益な作用を及ぼします。

カード（大）…電磁波を発生する電気製品の上に置く、貼り付ける、身体の不調な部分に当てる、蛇口、浄水器の上に置くなどするといいでしょう。パソコン、テレビ、冷蔵庫など、比較的大きな電気製品、電磁波の強い製品などに使います。

カード（小）…小型の電気製品、携帯電話などに貼ります。また、窓ガラスに貼ると、ガラス全体からＨＤエネルギーが放射されるようになりますので、部屋やオフィスなどの空間のエネルギーが高まります。

シール…携帯電話や水道の蛇口、ガス管などに貼ります。

携帯電話やパソコン、テレビ、電子レンジ、冷蔵庫、照明器具など、いまやあらゆる電気製品から電磁波が放射されています。

電磁波による健康障害（白内障、白血病、脳腫瘍、慢性疲労、自立神経失調など）が欧米各国で取り沙汰され、すでに訴訟までおこっています。日本では、平成9年度にようやく電磁波の人体への影響について調査をはじめていますが、電磁波の有害性は科学的な分析、立証が得られておらず、結論が出ていません。

電磁波に含まれる何が、生体にとって有害なのでしょうか。

電磁波は機器での測定が可能ですが、生体にとって有害か無害かは科学的には根拠がなく、説明できません。現在の科学では、電磁波に含まれる有害なエネルギーや有益なエネルギーは検知することが不可能なのです。

電磁波に含まれるエネルギーは素粒子レベル以下で、電気製品や生体、物質からも放射されています。その有害なマイナスのエネルギーが生体に悪影響をおよぼすのです。

ウランなど放射性物質、農薬などの化学物質も有害なマイナスエネルギーを放射していることがわかっています。

あとがき

地球上には、現代科学では解明、証明できない現象やエネルギーなど、不思議なできごとなどが数多く存在しています。

私が長年おこなってきた測定分析、リモートトリートメント、製品へのＨＤエネルギー注入もそのひとつです。

哲学者のルドルフ・シュタイナー、透視的催眠療法のエドガー・ケイシーは、世界的に著名な方々ですが、私には、その理論や実践してきた内容、意識の内容がよく理解できます。

ドイツ、フランス、スイス、イギリス、北欧、アメリカなどでは、現代科学や医学などでは説明のつかない現象、療法などに関心を持っている人が多くいます。

特別な医療器具や製品なども販売され、受け入れられています。

日本でも、少しずつ関心を持つ人が増えてきていると感じますが、いまはまだ誤った情報も多く、何が本当で何が偽物なのか、判断がつかず困っている人々が多いことと思います。

誤った療法や団体のおこなうセミナーなどに参加して、被害を受けている人々から、多くのカウンセリング依頼を受けている現状を思うと、情けなさがこみあげるほどです。

私は、いわゆる超能力者や治療家ではありません。

また、あらゆる宗教とはいっさい無関係です。

加えて、病気や精神の疾患を改善させることが目的でもありません。結果として、身体や精神、心に好転があらわれてきているにすぎません。

がんや難病、その他の病気、精神の不調、仕事や人生の苦境などの原因は、さまざまにいわれていますが、本当の原因は、意識の内容にあります。

本書で述べたように、本当は、精神、心、意識とは何なのかを正しく理解しなければならないのですが、多数の人々は、そのことに無関心になりすぎてしまいました。

「そうしたことを考えるのは、宗教や哲学の分野である」「自分の人生や生活、仕事には関係のないことだから、めんどうくさい」「そんなことを考えるより、お金やものが大事だ」と、そのように思っている人々が多数を占めているのではないでしょうか。

そこには、生や死の意味、人間や動物の本質、幸福、愛の本当の意味を知ろうとしない心の不毛があります。


人間や動物、植物は、物質でつくられているから、死ねばすべてが終わりである、という現代科学が世界を支配しています。このような考え方では、意識を発端とするがんや霊障による難病などは解消するはずがありません。意識を変えなければ、それらの病気は増加の一途をたどるでしょう。

戦争、宗教戦争、犯罪、心の苦しみ、人間関係の不和、ストレスなどもなくなりません。

私は、高次と低次の現象、超常的体験、カウンセリングを多数おこなってきたことで、意識体の存在を理論ではなく、実際に肌で感じ、体験することができました。その経験から、精神、心、意識というものが、あいまいな概念ではないことが明確にわかったのです。

意識体は物質ではないので、身体にとっての死のような終わりがないことを認識したのです。

人間には、それぞれ意識の内容、過去世の違い、力（エネルギー）の差から病気や人生の苦しみをつくりだす人、苦しみを与えられてしまう人がいます。その逆に、幸運やよいめぐりあわせ、健康を与えられる人もいます。

私に与えられた役割と能力は、大いなる意識の力です。

この書を読まれた方が、本当の生と死の意味、身体の本質についてわずかでも考えるきっかけになれば幸いです。

あなたの今生で、幸福、よいめぐりあわせが実現されますことを願っています。

カウンセリング（測定分析、リモートトリートメント）、製品等の資料などについてのお問い合わせは、下記へお願いいたします。

Ｅメール　ewig@a.email.ne.jp（24時間受付）

ＴＥＬ　03・3478・1671
（午前10時～午後７時　午後７時以降はお受けできません）

ＦＡＸ　03・3478・1672（24時間受付）

〈著者プロフィール〉

阿部憲治

1948年生まれ。

1972年より、映像作家の活動を始める。

1978年、当時日本を代表する（ドイツみどりの党を指標とする）日本みどりの連合、日本みどりの党、みどりのネットワークの団体で、エコロジー、環境保護、動物保護の活動を始める。

同時に、自然農法、東洋医学の研究と農、医、食、エコロジーをポリシーとした、環境を汚染しない農業（完全無農薬、無化学肥料、無蓄糞）の事業を営む。

1988年より、自然農法にＨＤエネルギーを活用して、超常的成果を実証。

その後、測定分析、リモートトリートメントの研究を継続。

1996年、月刊誌ラビエ（サンロード出版）に原稿を６ヶ月間連載。

1997年、『宇宙からの光と波動』たま出版刊。

2003年、『天使と高次エネルギーの奇跡』たま出版刊。

今までに、ドイツ、スイス、オーストリア、フランス、イギリス、イタリア、北欧などを訪れ、取材、調査、撮影をおこなっている。

測定分析、リモートトリートメントの実証は、相当な数となり、現在も多種多様なカウンセリング依頼により、多忙な日々を送っている。

軽井沢から移転して、現在は東京在住。

高次元エネルギーと遠隔療法

2006年11月15日　初版第１刷発行

著　者　阿部 憲治
発行者　韮澤 潤一郎
発行所　株式会社 たま出版
〒160-0004　東京都新宿区四谷4-28-20
☎03-5369-3051（代表）
http://tamabook.com
振替　00130-5-94804

印刷所　株式会社エーヴィスシステムズ

© Abe Kenji 2006 Printed in Japan
ISBN4-8127-0222-4 C0011